사고력과 논리력을 키우는 법정 체험

고전을 발칵 뒤집은
# 어린이 로스쿨

글 유재원 정은숙  그림 김지선

정정당당하게
법대로 하자!

내가 진짜!
넌 가짜!

재판하러
가자!

## 머리말 1

여러분, 안녕하세요? 여러분들 옛이야기 좋아하지요? 사실 옛이야기들 속에는 무궁무진한 법률 이야기가 숨어 있답니다. 요즘 사회가 복잡해져서인지 여러분들이 만나온 법 이야기들이 너무 어렵고 딱딱했겠지만, 익숙한 옛이야기 속에서 찾은 법률 이야기를 읽다 보면 마치 숨은 그림 찾기처럼 재미있을 거예요. 변호사인 제가 이 책을 만들게 된 동기가 바로 거기에 있어요. 인문학과 법학을 모두 공부한 변호사와 함께라면 법에 대해 더욱 쉽게 다가갈 수 있을 거예요.

지금부터 볼 이야기들은 참 익숙한 이야기들이에요. 춘향이, 심청이, 별주부, 흥부·놀부, 콩쥐·팥쥐, 전우치, 홍길동 등등 여러분들과 늘 함께한 이야기 속 친구들이 법률적으로 어려운 문제에 맞닥뜨렸다니 여러분들이 나서서 도와줘야겠지요.

어린이 배심원 여러분~! 옛이야기 법정에 오신 것을 환영합니다.

바로 지금부터 여러분들은 어린이 로스쿨생이 되어 이 역사적인 재판의 배심원으로 참여하게 돼요. 법률적인 부분은 변호사인 제가 열심히 도와드릴 테니 옛이야기에서 궁금했던 부분을 법으로 명쾌하게 해결하면서 곤란에 빠진 친구들을 돕고 세상의 정의를 실현해 보자고요. 로스쿨 옛이야기 여행, 지금 시작할게요.

2013년 11월
대한민국 변호사
위재원

## 머리말 2

고전의 힘은 참 위대합니다. 시대가 아무리 변해도 고전 속에 담긴 가르침은 통하기 마련이지요. 어쩌면 우리가 꿈꾸는 이상향 역시 고전 속에 그려진 세상일지 모르겠습니다. 고집불통 옹고집이 똑같이 생긴 사람에게 된통 당하고, 효성이 깊은 심청이가 왕비가 되는 세상. 그런 정의로운 세상을 바라는 마음이 지금도 고전을 읽게 하는 힘이라 생각합니다.

"공양미 300석에 팔려가다니, 말도 안 돼!"

손에 땀이 나게 만드는 고전 속의 위기 상황들을 현실에서 만난다면 우리는 어떻게 해결할 수 있을까요? 심청을 구해줄 수는 없을까요? 이 책은 심청이 인당수에 뛰어들지 않아도 되는 이유를 알려주고 있습니다. 제비가 물고 온 박씨가 아니더라도 욕심쟁이 놀부를 혼내줄 수 있는 방법에 대해서도 설명해 주고 있답니다.

현대 사회는 법이 있고, 그 법을 조금만 알아도 어려움에 처한 사람을 도와줄 수 있답니다.

"심청 씨, 사람의 목숨을 가지고 계약을 하는 건 원천적으로 무효입니다."

심봉사와 심청이 덩실덩실 춤을 출 만한 지혜가 궁금하다면 어서 책장을 펼쳐보세요. 또 압니까? 로또 복권보다 더 큰 행운이 담긴 박씨를 구별하는 비법이 이 책 속에 숨어 있을지…….

2013년 11월
동화 작가
정은숙

## 차례

머리말 ......................................................... 2

유재원 변호사의 어린이 로스쿨 법 상식 ......... 8

**심청전** 공양미 300석에 심청을 제물로 산
청나라 상인들은 죄가 있을까? **(인신매매죄, 살인예비죄)** ······ 12

**춘향전** 사또의 명을 어긴 춘향은 죄가 있을까?
**(명령불복종죄, 공무집행방해죄)** ······ 18

**토끼전** 토끼의 간을 얻기 위해 거짓말을 한
자라는 죄가 있을까? **(유인죄, 살인예비죄)** ······ 24

**별주부전** 용왕에게 거짓말을 하고
도망친 토끼는 죄가 있을까?
**(도주죄, 사기죄)** ······ 30

**두껍전** 말싸움으로 잔치의 분위기를
흐린 두꺼비와 여우는 죄가 있을까?
**(소요죄, 의식방해죄)** ······ 36

**연오랑과 세오녀** 바위를 타고 왜나라에 간
연오랑과 세오녀는 죄가 있을까?
**(출입국관리법위반죄)** ······ 42

**장끼전** 허락 없이 야생 장끼를 잡은 탁 첨지는 죄가 있을까?
(야생생물보호 및 관리에 관한 법률 위반죄) ······48

**홍길동전** 탐관오리들의 재산을 빼앗아 가난한 사람들에게 나눠 준 홍길동은 죄가 있을까?
(소요죄, 강도죄) ······54

**장화홍련전** 장화와 홍련을 괴롭힌 허씨 부인은 죄가 있을까?
(자살교사죄, 아동학대죄) ······60

**흥부전** 동생에게 유산을 나누어 주지 않은 놀부는 죄가 있을까?
(횡령죄, 폭행죄) ······66

**콩쥐팥쥐전** 콩쥐를 죽인 뒤 콩쥐 행세를 한 팥쥐는 죄가 있을까?
(살인죄, 명예훼손죄) ······72

**옹고집전** 진짜 옹고집 행세를 한 가짜 옹고집은 죄가 있을까?
(무고죄, 주거침입죄) ······78

**구운몽** 스님으로서 선녀들에게 짓궂은 농담을 한 성진은 죄가 있을까?
(강제추행죄, 강요죄) ······84

**동명왕편** 천리마를 얻기 위해 사람들의 눈을 속인 주몽은 죄가 있을까?
(사기죄, 도주죄) ······90

**이생규장전** 허락 없이 담 안을 엿본 이생은 죄가 있을까?
(비밀침해죄, 주거침입죄) ······96

**허생전** 나라의 과일을 모두 사들인 후
비싼 값에 되판 허생은 죄가 있을까?
**(불공정거래행위죄)** ······ 102

**한중록** 사도 세자를 뒤주에 넣어 죽인
영조는 죄가 있을까?
**(감금치사죄)** ······ 108

**봉이 김 선달** 돈을 받고 대동강 물을 판 봉이 김 선달은
죄가 있을까?
**(사기죄, 먹는물관리법위반죄)** ······ 114

**전우치전** 임금을 속인 죄로 잡혀갔다가 도망친
전우치는 죄가 있을까?
**(공무원자격사칭죄, 공갈죄, 도주죄)** ······ 120

**난중일기** 없는 죄를 지어내 이순신에게
백의종군을 시킨 원균은 죄가 있을까?
**(무고죄, 거짓보고죄)** ······ 126

**양반전** 빚을 대신 갚아 주고
양반의 신분을 산 부자는 죄가 있을까?
**(공정증서원본불실기재죄, 공문서위조죄, 불실기재공정증서원본행사죄, 위조공문서행사죄)** ······ 132

**박씨전** 박씨 부인의 못생긴 얼굴은 이혼의 사유가 될까?
**(이혼)** ······ 138

**인현왕후전** 왕비가 되기 위해 인현왕후를 저주한
장희빈은 죄가 있을까?
**(무고죄, 살인죄)** ······ 144

**사씨남정기** 사씨와 유한림을 모함한 교씨와
동청은 죄가 있을까?
**(특수절도죄, 비밀침해죄, 무고죄)** ······150

**주생전** 남의 집에 들어가 배도를 엿본
주생은 죄가 있을까?
**(비밀침해죄, 주거침입죄)** ······156

**왕자 호동** 호동을 위해 자명고와 자명각을 부순
낙랑 공주는 죄가 있을까?
**(여적죄, 공용물파괴죄)** ······162

**최척전** 남장을 하고 다른 사람들을 속인
옥영은 죄가 있을까?
**(사기죄)** ······168

**금방울전** 해룡을 버린 장원 부부와 해룡을 몰래 데리고 간
장삼은 죄가 있을까?
**(유기죄, 유인죄)** ······174

**최고운전** 운영의 거울을 깨뜨린 대가로 종이 된
최치원은 죄가 있을까?
**(손괴죄, 업무방해죄)** ······180

**임경업전** 사신으로 떠나던 중 도망간
임경업은 죄가 있을까?
**(항명죄, 군무이탈죄)** ······186

### 유재원 변호사의
# 어린이 로스쿨 법 상식

## 1. 법이란 무엇일까?

법은 많은 국민들이 뜻을 모아서 정한 약속이에요. 친구와 한 약속보다 훨씬 더 힘이 강한 약속이기 때문에 법을 어기면 사회적으로도 비난받고, 처벌도 받을 수 있습니다. "나는 약속한 적 없는데?"라고 하는 어린이가 있겠군요. 하하, 하지만 그 약속은 대한민국 국민으로서의 지위가 있으면 당연히 성립하는 약속이랍니다.

**법 = 약속**

## 2. 법은 왜 생겼을까?

**사람들의 평화로운 생활을 위해**

**형법**: 사람을 때리거나 물건을 훔치는 나쁜 사람들을 처벌하기 위해 생겼어요.

**헌법, 행정법**: 나라를 세우면서 정치제도나 법 질서를 바로잡기 위해 생겼어요.

**복잡한 사건들을 쉽게 해결하기 위해**

**민법, 상법**: 국민들 사이에서 일어나는 다툼들을 해결하기 위해 생겼어요.

**민사소송법, 형사소송법**: 소송과 재판을 원하는 국민들을 위해 생겼어요.

**법 = 해결사**

## 3. 법의 종류

| 기본육법 | 개별법 | 특별법 |
|---|---|---|
| 가장 기본이 되는 법이에요. | 각기 다른 분야에 수십 개, 수백 개가 있어요. | 특별한 사안에 대하여 규율한 법이에요. |
| 헌법<br>민법<br>상법<br>민사소송법<br>형사소송법<br>형법 | 금융법<br>환경법<br>노동법<br>세법<br>국제법<br>⋮ | 5·18민주화운동에<br>관한 특별법<br>⋮ |

훌륭한 법조인은 이 법들을 모두 외우는 사람이 아니라 법을 잘 활용하는 사람이야!

우리나라에는 1,300개가 넘는 법률이 있고 대통령령이나 부령 같은 법령까지 하면 5,000개가 넘어요!

## 4. 재판의 종류

| 민사재판 | 형사재판 | 행정재판 | 국제재판 |
|---|---|---|---|
| 사람들 간의 권리관계에 관한 다툼을 해결하는 재판 | 범죄를 저지른 범죄자를 처벌하기 위한 재판 | 공적인 일로 나라 또는 기관을 상대로 하는 재판 | 나라간의 문제를 국제적인 시각에서 다루는 재판 |

| 헌법재판 | 가사재판 | 선거재판 |
|---|---|---|
| 위헌이나 합헌같이 헌법적인 판단을 받고자 하는 재판 | 가정 내의 일들로 일어난 다툼을 해결하기 위한 재판 | 선거의 내용이나 과정에 문제가 있다고 다투는 재판 |

일상생활에서 가장 많이 볼 수 있는 재판은 민사재판과 형사재판이에요!

## 5. 재판의 참가자

**판사**
재판에서 가장 중요한 역할을 맡고 있는 사람으로, 모두의 이야기를 듣고 중립적인 시각에서 판결을 내립니다.

**검사**
형사재판에 등장하는 사람으로, 범죄를 저질렀다고 의심되는 피고인에게 알맞은 처벌을 내리도록 공정한 입장에서 이야기합니다.

**증인**
올바른 판결을 내리기 위해서는 많은 증거가 필요해요. 증인도 증거에 속해요. 그래서 오로지 사실만을 이야기할 수 있어요.

**원고**
형사재판에는 등장하지 않아요. 민사재판에서 재판하기를 원한 사람이에요.

## 6. 재판의 순서

**형사재판**

### 구속영장 청구와 발부
검사는 범죄를 저질렀다고 판단되는 사람을 일정한 장소에 가두도록 구속영장을 신청해요.

▶

### 공소제기
검사는 그동안 수사한 자료를 모두 증거로 제출하면서 피고인을 기소하고 법원은 형사재판을 개시해요.

▶

### 변호사 선임
피고인은 자신을 변호해 줄 변호사를 선임해요. 형사재판에서 변호사는 변호인이라고 불러요.

▶

### 공판
변호인과 피고인은 한 팀이 되어 검사와 다투게 돼요. 재판은 여러 차례에 걸쳐 열려요.

▶

### 판결 선고
충분한 증거조사가 끝나면 판사가 판결을 내려요. 무죄면 억울한 누명을 벗겨주고 유죄면 마땅한 처벌을 내려요.

▶

### 항소, 상고
판결 결과에 만족하지 못하면 더 높은 법원(고등법원, 대법원)에서 두 번 더 재판을 받아요.

**민사재판**

**소장제출**
원고가 소송을 제기하는 소장을 제출해요.

**소장 부본 전달**
원고의 청구를 알리는 소장의 복사본을 피고에게 보내면 피고는 자신의 입장을 재판부에 보내요.

**증거제출**
재판부에 자신의 입장을 호소할 만한 여러 가지 증거를 모아서 내요.

**민사 변론**
원고와 피고와 함께 각자의 변호사들이 소송대리인으로 나와 민사 변론이 본격적으로 개시돼요.

**판결 선고**
판사는 원고와 피고의 법적인 주장을 모두 듣고 증거들을 자세히 살피며 객관적으로 판결해요.

**항소, 상고**
판결 결과에 만족하지 못하면 더 높은 법원(고등법원, 대법원)에서 두 번 더 재판을 받아요.

사건번호 2014도201

심청전

교과서 수록 작품

# 공양미 300석에 심청을 제물로 산 청나라 상인들은 죄가 있을까?

지금부터 사건번호 2014도201의 모의재판을 시작하겠습니다. 청나라 상인들은 공양미 300석에 심청을 사서 인당수라는 깊은 바닷물에 제물로 던지려고 했습니다. 이에 검사는 인신매매죄와 살인예비죄로 청나라 상인들을 기소했습니다. 배심원 여러분은 이 경우 어떠한 판결을 내리시겠습니까? 그러면 사건번호 2014도201의 올바른 판결을 위해 사건의 내용을 알아보도록 하겠습니다.

**심봉사가** 젖동냥을 하며 어렵게 키운 심청이 어느덧 자라 15살이 되었습니다. 말갛게 씻어 놓은 자두같이 반듯한 얼굴에 얌전한 행동거지는 보는 사람들까지 흐뭇하게 만들었습니다. 게다가 어린 나이에도 불구하고 바느질과 길쌈으로 돈을 벌어 아버지를 지극정성으로 모시니 마을 사람들의 칭찬이 자자했습니다. 심봉사는 딸의 모습을 볼 수는 없었지만 자신을 지극히 생각하는 심청의 마음만은 느낄 수 있었습니다.

하루는 심봉사가 지팡이를 짚고 혼자서 길을 나섰습니다. 해가 저물도록 돌아오지 않는 딸이 걱정되어 마중을 나선 참이었습니다. 심봉사는 조심하며 길을 걸었지만 지팡이를 헛짚는 바람에 그만 눈 깜짝할 사이에 개

울에 빠지고 말았습니다. 보이지 않는 눈을 희번덕거리며 팔다리를 허우적거렸지만 몸은 점점 깊은 물로 빠져들었습니다.

"거기 아무도 없소? 사람 좀 살려 주시오!"

때마침 지나가던 스님이 심봉사의 소리를 듣고 황급히 달려왔습니다. 그리고 지팡이를 잡아끌어 심봉사를 구해 주었습니다.

"저를 구해 주신 분은 뉘시오? 이 은혜를 어찌 갚아야 할지……."

"저는 몽운사의 화주승입니다. 앞을 못 봐 이리 물에 빠지다니, 쯧쯧. 우리 절 부처님께 공양미 300석을 시주하면 눈을 뜰 수 있을 텐데……."

심봉사는 다시 눈을 뜰 수 있다는 말에 몹시 기뻐하며 덜컥 시주를 약속해 버렸습니다.

스님과 헤어져 집에 돌아온 심봉사는 뒤늦게 후회하기 시작했습니다.

'내가 어쩌자고 그런 약속을 했을까? 우리 형편에 공양미 300석을 어찌 구하겠다고?'

심청이 저녁거리를 얻어 왔지만 심봉사는 제대로 먹지 못하고 땅이 꺼져라 깊은 한숨만 내뱉었습니다. 걱정이 된 심청이 무슨 일인지 몇 번이나 묻자 한참을 망설이던 심봉사가 결국 이야기를 털어놓았습니다. 이야기를 들은 심청은 심봉사를 안심시켰습니다.

"하늘이 무너져도 솟아날 구멍이 있다고 했습니다. 제가 마련해 볼 테니 너무 걱정하지 마세요."

심청은 그날부터 공양미 300석을 구하기 위해 사방팔방 돌아다녔습니다. 하지만 그 많은 쌀을 한꺼번에 구하는 것은 하늘의 별 따기였습니다.

그러던 어느 날, 심청은 청나라 상인들이 15살 먹은 처녀를 사기 위해 돌아다닌다는 소문을 들었습니다. 어쩌면 쌀을 구할 수 있겠다고 생각한 심청은 청나라 상인들을 찾아갔습니다.

"우리는 청나라의 상인들로, 수많은 바닷길을 돌아다녔단다. 그런데 유독 인당수라는 곳에만 가면 선원과 물건을 많이 잃지 뭐냐. 15살 먹은 처녀를 제물로 바치면 그곳을 무사히 지나갈 수 있다고 해서 이렇게 사람을 찾아다니고 있는 거란다."

"그렇다면 제가 제물이 될 테니 쌀 300석을 주세요."

청나라 상인들에게 쌀을 받아 몽운사에 시주한 심청은 아버지에게 말했습니다.

"전에 만나 뵈었던 무릉촌 정승댁 부인께서 저를 수양딸로 삼으시겠다며 쌀 300석을 주셨습니다. 이제 시주 걱정은 하지 마세요."

심봉사는 그 소식을 듣고 몹시 좋아했습니다. 그런 아버지의 모습을 보면서 심청은 소리 죽여 눈물을 흘렸습니다.

얼마 후, 청나라 상인의 배는 끝없이 펼쳐진 바다를 향해 떠났고, 곧 바다 한가운데에 다다랐습니다.

"인당수가 가까워졌으니 고사 지낼 준비를 하여라."

상인들의 말에 심청은 거친 파도가 철썩이는 뱃머리를 향해 조금씩 발을 내딛었습니다. 심청은 문득 무서워졌습니다.

"여기서 뛰어내리면 다시는 아버지를 볼 수 없을 텐데, 불쌍한 우리 아버지는 어떻게 하나? 상인들에게 받은 쌀 300석을 모두 써 버렸으니 돌아갈 수도 없고……."

어느새 배 끝에 다다른 심청에게 상인들이 어서 뛰어내리라며 손짓을 했습니다. 심청은 눈물을 흘리며 두 손을 모으고 마지막 기도를 드렸습니다.

"하느님, 앞 못 보는 우리 아버지를 굽어 살피시어 하루 빨리 눈을 뜨게 해 주세요."

결심을 한 듯 두 눈을 꼭 감은 심청은 인당수를 향해 뛰어내릴 준비를 했습니다.

# 청나라 상인들은 죄가 있을까?

지금부터 사건번호 2014도201, 심청을 산 청나라 상인들에 대한 판결을 내리겠습니다.

## 1 참가자의 한마디 & 최후 진술

**피해자 심청**: 인당수에 빠지면 저는 죽고 말 것입니다. 제발 저를 살려 주세요.

**피고인 청나라 상인들**: 청나라의 풍습에 따라 비싼 값을 치르고 제물을 산 것뿐입니다.

### 유죄입니다 (검사)

존경하는 재판장님.
귀중한 생명을 가진 사람을 거래한 것도 모자라 바다에 빠뜨리려고 한 청나라 상인들을 인신매매죄와 살인예비죄로 처벌해 주십시오.

1. 청나라 상인들은 오로지 자신들의 영업적 이익을 위해 바다에 제물로 바칠 사람을 거래했습니다.
2. 보호 장치 없이 깊은 바다에 빠지면 누구나 죽을 수 있음에도 청나라 상인들은 심청을 바다 한가운데에 빠뜨리려고 했습니다.
3. 청나라 상인들이 명백한 범죄 행위를 했으므로 심청은 쌀을 받은 것과 상관없이 제물이 되지 않아도 됩니다.

### 무죄입니다 (변호사)

존경하는 재판장님.
청나라 상인들은 무죄입니다. 이들의 억울한 사정을 살펴 주십시오.

1. 청나라 상인들은 외국인이라 우리나라 법을 적용할 수 없습니다.
2. 청나라에서는 이 풍습이 사회적으로 널리 용인되는 행동이기 때문에 우리나라 법에 어긋나는 줄 몰랐습니다.
3. 제물이 되는 것은 피해자 심청이 스스로 선택하며 동의한 일입니다.
4. 만약 심청이 약속과 달리 제물이 되지 않는다면 제물이 되는 대가로 받은 쌀을 되돌려 주어야 합니다.

※위 내용은 법무부 〈예술과 함께 하는 법〉 심청전 6쪽을 바탕으로 재구성했습니다.

## 2 배심원의 판단

나는 청나라 상인들이 ( 무죄, 유죄 )라고 생각합니다. 왜냐하면 _____

## 3 현명한 판사의 판결

**인신매매죄**
사람은 물건이 아니기 때문에 함부로 돈을 받고 거래해서는 안 돼요. 인신매매죄는 그동안 처벌 규정이 없다가 최근에 만들어졌답니다.

**살인예비죄**
살인예비죄는 살인을 하지 않더라도 살인에 필요한 흉기(칼, 총)를 산다거나 사람을 죽이려고 여러 가지 준비를 했을 경우에 해당하는 범죄예요.

피고인 청나라 상인들의 말, 피해자 심청의 말과 심봉사의 말, 동네 사람들의 증언 그리고 인당수에서 벌어진 사건의 현장사진 등의 증거를 종합하면, 심청은 아버지를 위해 청나라 상인들에게 쌀 300석에 팔렸고 그 쌀은 공양미로 이미 다 써 버린 상태임이 인정된다.

청나라 상인들은 비록 외국인이지만 한국 사람을 상대로 죄를 저지른 경우에는 한국 법을 적용할 수 있다. 청나라 상인들이 자신들의 영업적 이익을 위해 심청을 물건처럼 거래한 것은 인신매매죄에 해당한다. 또 심청을 외국에 데려갈 목적이 있었으므로 그 죄가 더욱 무겁다. 그들이 한국 법에 있는 인신매매죄를 몰랐다고 해도 무죄로 받아들이는 것은 힘들다.

또한 청나라 상인들은 심청이 깊은 바다에 잘 빠지도록 뱃머리로 내보냈다. 이는 살인의 고의가 있는 행동으로 살인예비죄에 해당한다. 청나라 상인들은 처녀를 사서 제물로 바치는 것이 중국의 풍습임을 주장하지만 이는 정당화될 수 없는 주장이다.

비록 심청이 약속대로 바닷속으로 뛰어들지는 않았지만, 법에 어긋나는 약속은 지킬 필요가 없으므로 대가로 받은 쌀 300석은 돌려줄 필요가 없다.

따라서 「형법」제255조 및 제289조, 「형사소송법」제323조에 근거하여 피고인 청나라 상인들에게 공소제기된 인신매매죄와 살인예비죄는 모두 유죄이며, 징역 10년씩의 선고를 내린다. 또 심청이 받은 쌀 300석은 「민법」제746조에 따라 청나라 상인들에게 돌려줄 필요가 없다.

### 관련 법률

「형법」제250조(살인, 존속살해) ① 사람을 살해한 자는 사형, 무기 또는 5년 이상의 징역에 처한다.

「형법」제255조(예비, 음모) 제250조와 제253조의 죄를 범할 목적으로 예비 또는 음모한 자는 10년 이하의 징역에 처한다.

「형법」제289조(인신매매) 사람을 매매한 사람은 7년 이하의 징역에 처한다. 국외에 이송할 목적으로 사람을 매매하거나 매매된 사람을 국외로 이송한 사람도 2년 이상 15년 이하의 징역에 처한다.

「형사소송법」제323조(유죄판결에 명시될 이유) ① 형의 선고를 하는 때에는 판결이유에 범죄될 사실, 증거의 요지와 법령의 적용을 명시하여야 한다. ② 법률상 범죄의 성립을 조각하는 이유 또는 형의 가중, 감면의 이유되는 사실의 진술이 있은 때에는 이에 대한 판단을 명시하여야 한다.

「민법」제746조(불법원인급여) ① 불법의 원인으로 인하여 재산을 급여하거나 노무를 제공한 때에는 그 이익의 반환을 청구하지 못한다. 그러나 그 불법원인이 수익자에게만 있는 때에는 그러하지 아니하다.

사건번호 2014도202

# 사또의 명을 어긴 춘향은 죄가 있을까?

지금부터 사건번호 2014도202의 모의재판을 시작하겠습니다. 춘향은 고을 사또인 변 사또의 명령을 따르지 않았습니다. 이에 검사는 춘향을 명령불복종죄와 공무집행방해죄로 기소했습니다. 배심원 여러분은 이 경우 어떠한 판결을 내리시겠습니까? 그러면 사건번호 2014도202의 올바른 판결을 위해 사건의 내용을 알아보도록 하겠습니다.

"춘향 아씨, 그만 타고 내려오세요. 마님이 기다리시겠어요."
 향단이 말려도 춘향은 못 들은 척, 그네를 딛는 발에 힘을 주었습니다. 그러자 그네는 더 높이 올라갔습니다.
 '저기쯤이 한양이려나? 도련님을 태운 백마는 지금 어디를 달리고 있을까?'
 춘향의 눈가가 붉어졌습니다. 전직 사또의 아들이자 자신의 연인인 이 도령을 떠올리던 춘향은 문득 자신의 처지가 몹시 원망스러워졌습니다.
 이도령이 떠난 뒤, 남원에는 변학도라는 후임 사또가 부임해 왔습니다. 변 사또는 남원에 오기 전부터 아름다운 춘향에 대한 소문을 듣고 기분이 들떠 있었습니다. 신임 사또가 부임해 오자 지방 군관들이 예의를 갖취 인사를 올리러 왔습니다. 변 사또는 인사를 받자마자 사령들에게 지시를 내렸습니다.

"이 고을의 기생들을 모두 불러들여라."

관아에 모인 기생들은 한 명씩 나와 변 사또에게 인사를 하고 물러났습니다. 두 눈을 부릅뜨고 춘향을 찾던 변 사또는 사령들에게 호통을 쳤습니다.

"어찌하여 춘향은 보이지 않느냐?"

"춘향의 어미는 기생이지만 춘향은 관아의 기생으로 등록되어 있지 않습니다. 뿐만 아니라 구관 사또의 자제와 백년가약을 맺은 뒤 수절하고 있습죠."

한 사령의 대답에 변 사또는 버럭 화를 내며 큰 소리로 말했습니다.

"기생의 딸이면 당연히 기생이지. 지금 당장 춘향을 들라 해라. 만일 냉큼 대령하지 못할 시에는 너희의 목숨도 온전치 못할 줄 알아라."

사령들은 부리나케 춘향의 집으로 가 춘향의 어머니인 월매에게 사정했습니다.

"지금 신임 사또가 춘향을 데려오라고 역정이 대단하네. 만약 데려가지 못하면 우리도 초주검이 될 판이니 어서 춘향을 보내 주시게."

사령들의 어려운 사정에 춘향은 할 수 없이 관아에 가기로 약속했습니다.

"며칠 뒤 사또를 뵈러 가겠습니다."

변 사또의 부임을 환영하는 술자리가 며칠째 이어졌습니다. 밖에서는 백성들이 힘들게 모내기를 하고 있었지만 변 사또는 아랑곳 않고 기생들과 어울려 덩실덩실 춤추며 놀았습니다. 이윽고 춘향이 나타났습니다. 춘향이 들어오는 모습에 변 사또의 입가에는 미소가 절로 떠올랐습니다.

"과연 아름답구나. 춘향은 오늘부터 몸단장을 하고 본관의 수청을 들도록 하라."

다소곳이 앉아 있던 춘향은 변 사또의 말에 고개를 번쩍 들었습니다.

"황송하오나 소녀는 평생 한 남자만을 따르기로 맹세하였기에 사또의 명을 받들기 어렵습니다."

변 사또는 그 말에 마음이 상했지만 다시 춘향을 달랬습니다.

"춘향아, 멀리 떠난 이도령이 언제 올 줄 알고 마냥 기다리는 게냐? 내 수청만 든다면 네가 갖고 싶어 하는 걸 모두 주마."

그러나 춘향은 꼿꼿한 자세로 대답했습니다.

"충신은 두 임금을 섬기지 않고, 열녀는 두 남편을 섬기지 않는 법입니다. 제 마음은 변함없을 것이니 사또께서는 명령을 거두어 주옵소서."

변 사또는 주위를 둘러보았습니다. 모두들 변 사또를 쳐다보고 있었습니다.

'내가 여기서 물러나면 아랫것들이 나를 어떻게 생각하겠어? 앞으로 이 고을을 내 뜻대로 다스리기 힘들어지겠지?'

많은 아전들이 있는 데서 망신을 당한 변 사또의 얼굴이 붉으락푸르락 달아올랐습니다.

"춘향은 들거라. 감히 기생 주제에 사또의 명을 거역하고 온전하기를 바랐더냐? 여봐라, 이 계집을 당장 곤장으로 다스려라."

사령들이 달려들어 춘향을 형틀에 매달았습니다. 눈물을 쏟으며 형틀에 누운 춘향을 본 변 사또는 잠시 마음이 흔들렸습니다.

"이제 네 죄가 무엇인지 알았느냐? 그렇다면 당장 수청을 들어라."

춘향은 그런 변 사또의 마음은 안중에도 없는 듯 똑똑히 말했습니다.

"한 지아비를 섬기는 것을 어찌 죄라 하십니까? 그것이 죄라면 마음껏 내리치십시오."

이에 변 사또는 곤장을 치라고 소리쳤고 곤장을 맞던 춘향은 기절하고 말았습니다. 명색이 고을의 수령이건만 있는 대로 체면을 구긴 변 사또는 춘향을 옥에다 가두라고 명령했습니다.

# 춘향은 죄가 있을까?

지금부터 사건번호 2014도202, 변 사또의 명령을 듣지 않은 춘향에 대한 판결을 내리겠습니다.

## 1 참가자의 한마디 & 최후 진술

춘향은 고을 사또인 저의 명령을 어기고 질서를 무너뜨렸습니다.

### 유죄입니다 (검사)

존경하는 재판장님.
춘향이 국법과도 같은 고을 사또의 명령을 어기고 명령불복종죄와 공무집행방해죄를 저질렀으니 엄벌에 처해 주십시오.

① 춘향은 변 사또의 부름에도 멋대로 나오지 않아 명령불복종죄를 저질렀습니다.
② 수청을 들라는 변 사또의 명령을 따르지 않고 '신임 사또 환영 술자리'라는 공적 행사의 진행을 방해한 춘향의 행동은 공무집행방해죄입니다.
③ 춘향을 선처하면 남원의 질서가 무너질 것이므로 엄중하게 다스려야 합니다.

변 사또는 자신의 권력을 이용해 횡포를 부리고 있습니다. 억울합니다.

### 무죄입니다 (변호사)

존경하는 재판장님.
춘향은 무죄입니다.

① 춘향은 비록 기생의 딸이지만 관아에 등록된 기생이 아니므로 변 사또의 명령에 반드시 따라야 할 의무가 없습니다.
② 탐관오리인 변 사또를 위해 벌인 환영 술자리는 공적 행사라고 볼 수 없습니다.
③ 자신의 권력을 이용해 기생도 아닌 춘향을 술자리로 부르고 수청을 들라고 명령한 변 사또의 행동은 결혼을 약속한 사람이 있는 춘향으로서 도저히 따르기 힘든 것이었습니다.

## 2 배심원의 판단

나는 춘향이 ( 무죄, 유죄 )라고 생각합니다. 왜냐하면 _____
_____

## 3 현명한 판사의 판결

**명령불복종죄**
정식 명칭은 항명죄로, 군인이나 어떤 명령을 따라야 하는 사람이 상관의 정당한 명령 또는 규칙을 지키지 않고 어기는 경우 해당하는 범죄예요.

**공무집행방해죄**
적법한 공무를 집행하는 공무원에 대하여 폭행 또는 협박을 해서 그 집행을 방해하는 범죄예요.

　　피고인 춘향의 말, 관련자 변 사또의 말과 월매나 고을 사람들의 증언 그리고 환영 술자리 사진 등의 증거를 종합하면, 변 사또가 고을의 사또로 부임한 이후 공무를 제대로 집행하지 않고 백성들의 어려움을 외면한 채 술자리를 벌여 세금을 낭비했다는 사실과 기생도 아닌 춘향을 술자리에 나오도록 억지 명령을 내렸다는 사실, 거기에다 춘향이가 수청을 들라는 강요를 거부하자 옥에 가두었다는 사실이 인정된다.

　　검사는 춘향이 「군형법」 제44조와 「형법」 제136조에 어긋나는 행동을 하여 명령불복종죄 및 공무집행방해죄가 된다고 하나, 춘향은 군인도 아니고 관아의 기생도 아니며, 변 사또의 명령이 정당하다고 보기 어렵기 때문에 명령불복종죄는 성립하지 않는다.

　　또한 변 사또의 환영식은 올바른 공무를 수행하는 공적인 자리가 아니었으므로 변 사또에게 결혼을 약속한 사람이 있어 수청을 들기 어렵겠다고 말해 술자리의 흥을 깬 춘향의 행동은 공무집행을 방해한 것이라고 보기 어렵다. 오히려 변 사또에게 직권남용죄를 물어야 할 소지가 있다.

　　**따라서 「형사소송법」 제325조에 따라 피고인 성춘향에게 공소제기된 명령불복종죄(항명죄)와 공무집행방해죄는 모두 무죄임을 선고한다.**

**관련 법률**

「**군형법**」 **제44조(항명)** 상관의 정당한 명령에 반항하거나 복종하지 아니한 사람은 다음 각 호의 구분에 따라 처벌한다.
1. 적전인 경우: 사형, 무기 또는 10년 이상의 징역　2. 전시, 사변 시 또는 계엄지역인 경우: 1년 이상 7년 이하의 징역　3. 그 밖의 경우: 3년 이하의 징역

「**형법**」 **제136조(공무집행방해)** ① 직무를 집행하는 공무원에 대하여 폭행 또는 협박한 자는 5년 이하의 징역 또는 1천만 원 이하의 벌금에 처한다.

「**형사소송법**」 **제325조(무죄의 판결)** 피고사건이 범죄로 되지 아니하거나 범죄사실의 증명이 없는 때에는 판결로써 무죄를 선고하여야 한다.

교과서 수록 작품

# 토끼의 간을 얻기 위해 거짓말을 한 자라는 죄가 있을까?

지금부터 사건번호 2014도203의 모의재판을 시작하겠습니다. 자라는 토끼를 해쳐서 간을 구할 생각으로 토끼를 유인했습니다. 아무것도 모르고 자라의 꾐에 빠진 토끼는 용궁에서 벼슬에 오를 꿈에 부풀었습니다. 이에 검사는 유인죄와 살인예비죄로 자라를 기소했습니다. 배심원 여러분은 이 경우 어떠한 판결을 내리시겠습니까? 그러면 사건번호 2014도203의 올바른 판결을 위해 사건의 내용을 알아보도록 하겠습니다.

**용왕은** 용궁의 화가들을 불러 육지에 사는 토끼를 그리도록 했습니다. 어느새 두 눈은 빨갛고 짤막한 앞다리에 길쭉한 뒷다리를 가진 두 귀 쫑긋한 토끼의 모습이 완성되었습니다. 병에 걸려 얼굴이 창백한 용왕은 신하들을 불러 모아 그림을 보여 주었습니다.

"내 병은 토끼의 생간이 유일한 약이라는데 누가 구해 오겠느냐?"

용왕의 말에 신하들은 곤란한 표정을 지었습니다. 물고기인 탓에 육지에 나가면 숨을 쉴 수 없었기 때문이지요.

그때 자라가 앞으로 나섰습니다.

"저는 육지에서도 자유롭게 다닐 수 있으니 제게 맡겨 주십시오."

"오! 별주부, 역시 그대뿐이오. 토끼의 간을 구해 오면 큰 상을 내리겠소. 어서 토끼를 잡아 오시오."

자라는 토끼 그림을 가지고 육지를 향해 힘차게 출발했습니다. 토끼가 살고 있는 산속에 도착한 자라는 나무 그늘에 몸을 숨기고 지나가는 동물들을 지켜봤습니다. 노루, 사슴, 곰, 멧돼지, 너구리, 고슴도치, 여우 등 많은 동물들이 지나갔지만 그림 속의 토끼는 보이지 않았습니다. 그렇게 한참을 지켜보던 자라가 갑자기 눈을 번쩍 떴습니다.

'눈은 빨갛고, 앞다리는 짤막, 뒷다리는 길쭉, 두 귀는 쫑긋. 그림과 똑같으니 저 녀석이 틀림없겠다.'

토끼는 자라가 지켜보는 것도 모르고 골짜기 사이를 기웃거리며 풀잎과 고사리순을 따 먹었습니다. 껑충껑충 뛰어다니는 토끼 앞으로 자라가 불쑥 나타났습니다.

"아이고, 깜짝이야!"

뒤로 주춤 물러나는 토끼에게 자라가 고개를 숙여 인사했습니다.

"혹시 산중호걸이라 불리는 토 선생님이 아니십니까?"

토끼는 산중호걸이라는 말에 어깨가 으쓱해졌습니다.

"산중호걸이라니요, 소년 시절에 달나라의 계수나무 아래서 방아를 찧다가 내려온 신령스러운 동물이긴 하지만 말입니다."

자라는 토끼의 기분을 맞추려고 아첨을 떨었습니다.

"어쩐지 토 선생님께서 신선의 풍채를 가지셨다 했습니다."

"그런데 댁은 어디서 온 누구시오?"

토끼는 숲 속에서 통 볼 수 없었던 자라의 생김새를 훑어보며 호기심

가득한 목소리로 물었습니다.

"저는 물나라에서 온 자라라고 합니다."

"물나라는 어떤 곳이오?"

토끼의 물음에 자라는 이때다 싶어 한껏 자랑을 늘어놓았습니다.

"우리 물나라는 이 산중하고는 비교도 안 될 만큼 좋은 곳이랍니다. 조개로 지은 궁궐 같은 집들이 즐비하고, 1년 내내 술과 음식이 풍성해 배고플 틈이 없지요. 또 피리와 장구 소리가 그치는 날이 없을 정도로 평화롭게 살고 있답니다."

날마다 호랑이와 여우에게 쫓기며 먹을 것을 찾아다니던 토끼에게 물나라 이야기는 천국과 같았습니다.

"참 좋은 곳에 사시는군요. 나도 구경이나 한번 해 봤으면 좋겠구려."

토끼가 부러운 표정을 짓자 자라는 기회를 놓치지 않고 말했습니다.

"시시하게 구경이 다 뭡니까? 토 선생님의 풍채라면 용궁에서 군사 대장을 하고도 남을 텐데요."

용궁에는 군사 대장이라는 벼슬이 없었지만 자라는 토끼를 꾀어내기 위해 거짓말을 했습니다. 거짓말에 속아 넘어간 토끼의 얼굴에 기쁨의 빛이 활짝 번졌습니다. 자라는 토끼에게 물나라로 가 군사 대장이 되는 것이 어떻겠냐고 물었습니다.

"그러지 말고 말 나온 김에 지금 당장 물나라에 가 보지 않겠습니까? 물나라의 산해진미도 맛보고 금은보화도 구경하시지요."

"말씀은 고맙지만 헤엄도 칠 줄 모르는데 어찌 물나라에 가겠습니까?"

토끼의 걱정에 신이 난 자라가 말했습니다.

"별 걱정을 다 하십니다. 제 등에 올라타서 눈만 잠깐 감고 계시면 금세 용궁에 도착할 텐데요."

자라가 자신만만하게 대답하며 등을 들이밀었지만 토끼는 망설였습니다. 군사 대장이라는 벼슬이 탐나긴 해도 파도가 넘실거리는 바다로 들어가는 것은 자신 없었기 때문입니다.

"어허, 시간이 없습니다. 물길이 닫히기 전에 서둘러야 합니다."

자라가 재촉하자 토끼는 결국 결심을 굳혔습니다.

"그럽시다. 어서 출발합시다."

# 자라에게 죄가 있을까?

지금부터 사건번호 2014도203, 거짓말로 토끼를 꾀어 용궁으로 데려간 자라에 대한 판결을 내리겠습니다.

## 1 참가자의 한마디 & 최후 진술

피해자 토끼: 자라의 말에 속아 하마터면 죽을 뻔했습니다. 자라를 엄벌에 처해 주십시오.

### 유죄입니다 (검사)

존경하는 재판장님.
토끼를 속이고 죽음으로 이끈 자라에게 유인죄와 살인예비죄로 중한 처벌을 내려야 합니다.

1. 자라는 용왕이 내릴 상금 또는 관직 등 개인의 이익을 위해 토끼를 거짓말로 꾀어 용궁으로 데리고 갔습니다.
2. 자라는 산속에서 행복하게 살 수 있는 토끼의 권리를 침해했습니다.
3. 자라는 용왕이 토끼를 죽여 간을 꺼낼 것을 뻔히 알면서도 토끼를 용궁으로 데려가 죽이려고 했습니다.

피고인 자라: 저는 그저 용왕님의 병을 낫게 하기 위해 토끼를 데려간 것뿐입니다.

### 무죄입니다 (변호사)

존경하는 재판장님.
자라는 용왕의 명령에 따랐을 뿐이므로 무죄입니다.

1. 자라는 상 때문이 아니라 오로지 용왕에 대한 충성심으로 토끼를 용궁으로 데려간 것입니다. 그리고 과장된 부분도 일부 있지만 용궁에 대한 설명은 대부분 사실입니다.
2. 자라는 토끼를 죽이려는 직접적인 행동을 하지 않았습니다.
3. 상관인 용왕의 명령에 따른 자라의 행동은 정당한 행위라고 볼 수 있습니다.

## 2 배심원의 판단

나는 자라가 ( 무죄, 유죄 )라고 생각합니다. 왜냐하면 _____

# 3 현명한 판사의 판결

**유인죄**
사람을 꾀어서 자신이 원하는 장소로 끌고 가는 범죄를 말해요. 억지로 데려가면 약취죄이고, 살살 구슬러서 데리고 가면 유인죄랍니다.

**살인예비죄**
살인예비죄는 살인을 하지 않더라도 살인에 필요한 흉기(칼, 총)를 산다거나 사람을 죽이려고 여러 가지 준비를 했을 경우에 해당하는 범죄예요.

**참고: 손괴죄**
원래 자라와 토끼는 동물이라 법률상 '물건'에 해당해요. 그래서 장기를 빼거나 생명을 빼앗으면 손괴죄가 성립하지요.

피고인 자라의 말, 피해자 토끼의 말과 용궁에서 그린 토끼의 초상화, 용왕의 병에 토끼의 간이 필요하다는 의사의 소견서, 자라에게 토끼를 잡아 오라며 용왕이 내린 명령서, 용궁에 군사 대장이라는 벼슬이 없다는 사실확인서 등의 증거를 종합하면, 자라는 용왕의 명령으로 토끼를 용궁에 데려오기로 했으며, 군사 대장 자리를 주겠다는 거짓말로 토끼를 유인했음이 인정된다.

자라가 애초에 없는 군사 대장이라는 벼슬을 준다고 속여 토끼를 용궁으로 유인한 것은 물나라에 큰 공을 세워 부귀영화를 누리고자 한 것으로, 비록 용왕에게 직접 상을 받지는 않았지만 유인죄가 인정된다. 특히 토끼의 간을 빼내려는 목적이 있었으므로 장기적출목적유인에도 해당된다.

또한 용궁에 가면 토끼가 죽임을 당하게 될 것이라는 것을 분명히 알면서도 토끼를 용궁으로 데리고 간 자라의 행동은 살인예비죄가 인정된다. 토끼를 유인해서 죽이라는 용왕의 명령은 범죄를 하라는 명령이므로, 상관의 명령에 따른 것이었다고 해도 자라의 행동은 정당화될 수 없다. 다만, 이것이 충성심에서 비롯된 행동이었음을 감안해 징역형을 얼마간 미루기로 한다.

**따라서 「형법」 제255조 및 제288조, 「형사소송법」 제321조에 근거하여 피고인 자라에게 공소제기된 유인죄와 살인예비죄는 모두 유죄이며, 징역 3년의 선고를 내린다. 다만 앞으로 5년 동안 아무런 잘못을 하지 않는다는 조건으로 집행을 미루므로 교도소에 바로 가두지 않는다.**

### 관련 법률

「형법」 제250조(살인, 존속살해) ① 사람을 살해한 자는 사형, 무기 또는 5년 이상의 징역에 처한다.
「형법」 제255조(예비, 음모) 제250조와 제253조의 죄를 범할 목적으로 예비 또는 음모한 자는 10년 이하의 징역에 처한다.
「형법」 제288조(추행 등 목적 약취, 유인 등) ① 추행, 간음, 결혼 또는 영리의 목적으로 사람을 약취 또는 유인한 사람은 1년 이상 10년 이하의 징역에 처한다. ② 노동력 착취, 성매매와 성적 착취, 장기적출을 목적으로 사람을 약취 또는 유인한 사람은 2년 이상 15년 이하의 징역에 처한다.
「형사소송법」 제321조(형선고와 동시에 선고될 사항) ① 피고사건에 대하여 범죄의 증명이 있는 때에는 형의 면제 또는 선고유예의 경우 외에는 판결로써 형을 선고하여야 한다. ② 형의 집행유예, 판결 전 구금의 산입일수, 노역장의 유치기간은 형의 선고와 동시에 판결로써 선고하여야 한다.

교과서 수록 작품

# 용왕에게 거짓말을 하고 도망친 토끼는 죄가 있을까?

지금부터 사건번호 2014도204의 모의재판을 시작하겠습니다. 용왕의 병에 토끼의 간이 좋다는 이유로 붙잡힌 토끼는 몸속에 간이 없다는 거짓말로 용궁에서 탈출했습니다. 이에 물나라의 검사는 물나라 법을 무시하고 도망친 죄가 괘씸하다며 토끼를 도주죄와 사기죄로 기소했습니다. 배심원 여러분은 이 경우 어떠한 판결을 내리시겠습니까? 그러면 사건번호 2014도204의 올바른 판결을 위해 사건의 내용을 알아보도록 하겠습니다.

"토 선생님, 이제 곧 용궁에 가면 다시 볼 일이 없을 테니 마지막으로 바깥세상이나 한 번 둘러보시지요."

자라의 말에 토끼는 산자락을 둘러보았습니다. 그러고는 아옹다옹 다투기도 했지만 사이좋게 지내던 친구들에게 마음속으로 인사를 했습니다.

"자, 물속으로 들어갈 테니 떨어지지 않게 꽉 잡으세요."

토끼는 자라의 등에 찰싹 엎드려 두 눈을 질끈 감았습니다. 그리고 잠시 정신을 잃었다 깨 보니 어느새 풍악 소리가 울리는 용궁에 도착해 있었습니다. 용궁은 휘황찬란했습니다. 자라는 그중에서도 좋은 곳만 데리고 다니며 토끼에게 소개해 주었습니다.

"용궁은 정말 좋은 곳이군요. 자라님을 따라오길 잘했습니다."

토끼는 무척 만족스러웠습니다. 날마다 물나라에서 마련해 주는 연회에 참석해 진귀한 선물도 많이 받고, 맛있는 음식도 잔뜩 먹어 살도 두둑하게 쪘습니다.

며칠 뒤 토끼가 두리번거리며 용궁을 구경하고 있을 때였습니다. 갑자기 군사들이 달려들어 토끼를 밧줄로 꽁꽁 묶었습니다. 토끼는 무슨 영문인지 몰라 발버둥을 쳤지만 아무 소용이 없었습니다. 도움을 요청하는 토끼에게 자라는 웃음기가 사라진 얼굴로 말했습니다.

"자, 이제부터는 물나라의 법을 따르도록 해라."

토끼는 그제야 자라에게 속았다는 것을 알았습니다. 잠시 후, 토끼는 용왕 앞으로 끌려가 무릎을 꿇고 앉았습니다.

"나는 물나라의 왕, 용왕이다. 내가 큰 병을 얻어 누운 지 오래였는데 토끼의 간이 좋다 하여 자라를 시켜 널 데려오게 했다. 네가 죽은 뒤 장사는 후하게 치러 줄 테니, 억울하게 생각하지 말거라."

용왕의 말에 토끼는 바들바들 떨었습니다. 그때 자라가 옆으로 다가와 토끼의 어깨를 토닥였습니다.

"토끼야, 산중에서 호랑이의 밥이 되거나 사냥꾼에게 잡혀 죽는 것보다는 훨씬 영광스러운 죽음이 아니겠느냐? 그러니 너무 원망하지는 마라."

토끼는 자라의 말을 의심 않고 믿은 자신이 원망스러웠습니다.

'괜히 헛된 욕심을 부려 일을 그르쳤구나. 아, 분해라. 자라의 거짓말에 속다니……'

토끼는 깊이 뉘우쳤지만 때는 이미 늦었습니다.

"뭣들 하느냐? 어서 토끼의 배를 가르도록 하라."

용왕의 명령에 토끼는 눈을 감았습니다. 칼을 든 군사들이 한 걸음씩 토끼에게 다가왔습니다. 토끼의 얼굴에는 식은땀이 주르륵 흘렀습니다.

'아! 꼼짝없이 여기서 죽는 건가?'

토끼는 마지막 순간까지 좋은 수가 없나 궁리를 했습니다. 이윽고 토끼는 감았던 눈을 뜨고 용왕에게 또랑또랑한 목소리로 말했습니다.

"용왕님, 죽기 전에 꼭 드릴 말씀이 있습니다. 만약 저의 간으로 용왕님의 병이 나으신다면 죽어도 한이 없을 것입니다."

용왕은 잠시 말을 멈춘 토끼를 물끄러미 바라보았습니다.

"저는 날마다 아침이면 이슬을 받아 마시고 온종일 아름다운 꽃과 향기로운 풀을 뜯어 먹습니다. 그러니 제 간은 참으로 좋은 약입니다. 이 사실을 아는 세상 사람들이 저를 만나기만 하면 간을 달라고 졸라댈 정도니까요. 그래서 저는 평소에 제 간을 맑은 물에 여러 번 씻어 험한 산봉우리 깊은 곳에 감추어 두고 다닙니다. 지금은 갑자기 자라를 따라온 탓에 배 속에 간이 없습니다."

토끼의 말에 용왕은 버럭 화를 냈습니다.

"감히 누구 앞이라고 거짓말을 하는 게냐? 제 발로 용궁에 와서 매일 놀고먹더니 이제와서 도망치려는 수작이 아니더냐?"

용왕의 서슬 퍼런 말에도 토끼는 천연덕스럽게 대답했습니다.

"자라가 제 간이 필요하다고 말을 하지 않았기에 미처 챙기지 못했습니다. 제 몸에는 소변과 대변을 보는 구멍 말고도 간을 꺼내는 구멍이 하나 더 있습니다. 정 못 믿겠다면 직접 제 몸을 살펴보십시오."

토끼의 당당한 태도에 용왕은 토끼의 말을 믿기 시작했습니다.

"자라는 어찌하여 확인도 안 하고 토끼를 데려왔느냐? 다시 토끼와 함께 육지로 나가 간을 가지고 오도록 하여라."

용왕의 꾸지람에 자라는 목을 잔뜩 움츠렸습니다. 토끼는 자라를 재촉해 육지로 출발했습니다. 잠시 후 익숙한 산자락 입구에 이르자 토끼는 자라를 비웃으며 말했습니다.

"이 어리석은 자라야, 간을 꺼냈다 넣었다 하는 짐승이 세상에 어디 있느냐? 네가 먼저 나를 속였으니 너무 야속하게 생각하지 마라."

멍하니 있는 자라를 남겨 두고 토끼는 소나무 숲 사이로 깡충깡충 뛰어 멀어져 갔습니다.

# 토끼에게 죄가 있을까?

지금부터 사건번호 2014도204, 용왕에게 거짓말을 하고 용궁에서 도망친 토끼에 대한 판결을 내리겠습니다.

## 1 참가자의 한마디 & 최후 진술

**피해자 용왕**: 제 병에는 토끼의 간이 유일한 약인데 토끼가 저를 속이고 도망갔습니다.

### 유죄입니다 (검사)

존경하는 재판장님.
간을 얻기 위해 용궁으로 데려온 토끼가 간을 주기는커녕 선물과 맛있는 음식만 대접받고 도망갔으니 도주죄와 사기죄로 엄벌해 주십시오.

1. 토끼는 물나라의 법에 따라 정당하게 붙잡혔기 때문에 멋대로 도망갈 수 없습니다.
2. 토끼는 용왕에게 극진한 대접을 받았음에도 불구하고 몸속에 간이 없다는 거짓말을 한 뒤 도망쳤습니다.

**피고인 토끼**: 용왕님을 속이지 않았다면 저는 그 자리에서 죽었을 것입니다.

### 무죄입니다 (변호사)

존경하는 재판장님.
토끼가 거짓말을 하고 도망간 것은 정당방위 또는 긴급피난이므로 토끼는 무죄입니다.

1. 토끼는 자라의 거짓말에 속아 용궁으로 온 것이며 아무런 잘못도 없이 붙잡힌 것에 대해 억울함을 느끼고 있습니다.
2. 토끼는 군사 대장이 될 자신을 접대하는 것으로 알고 연회에 참석해 선물을 받은 것일 뿐, 접대를 받고 난 뒤 도망가려는 계획은 없었습니다.
3. 토끼가 용왕에게 거짓말을 한 것은 자신의 목숨을 지키기 위해 어쩔 수 없이 한 행동입니다.

## 2 배심원의 판단

나는 토끼가 ( 무죄, 유죄 )라고 생각합니다. 왜냐하면 _____

## 3 현명한 판사의 판결

피고인 토끼의 말, 피해자 용왕의 말과 물나라 신하들의 증언, 용왕의 병이 위중하다는 의사의 소견서, 토끼의 몸을 검사한 신체 검사서, 토끼가 받은 선물의 목록, 토끼를 물나라 법에 따라 체포한 체포영장 등의 증거를 종합하면, 병이 위중해 토끼의 간이 절실히 필요했던 용왕이 순순히 물나라에 온 토끼를 극진히 대접한 뒤 붙잡아서 간을 꺼내려 했다는 사실과 위기에 처한 토끼가 목숨을 구하기 위해 용왕에게 거짓말을 하고 물나라를 탈출했다는 사실이 인정된다.

토끼는 약재로 쓸 간을 구하라는 용왕의 명령과 물나라의 법에 따라 붙잡혔다. 하지만 이처럼 단지 자신의 병을 고치기 위해 다른 생명을 빼앗는 행위는 정당하지 않다. 따라서 토끼가 거짓말로 물나라에서 도망친 것은 도주죄가 아니다.

또한 토끼가 물나라에 와서 융숭한 대접과 많은 선물을 받은 것은 사실이나, 그것은 용궁의 군사 대장이 될 자신에게 의례적으로 하는 선물인 줄 알고 받은 것으로 보인다. 애초부터 용궁에서 재물을 모아 도망가려 했던 의도가 보이지 않으므로 토끼에게는 사기죄가 성립하지 않는다.

한편 자신의 생명을 지키기 위해 어쩔 수 없이 용왕에게 거짓말을 하고 용궁에서 도망친 토끼의 행동은 무고한 생명을 잃을 뻔한 참사를 막은 용기 있는 것이었다고 판단된다.

따라서 「형사소송법」 제325조에 근거하여 토끼는 무죄이며, 더 나아가 용왕과 물나라의 신하들은 목숨을 빼앗길 위기를 겪으며 큰 충격을 받았을 토끼에게 「민법」 제750조 및 제751조에 따라 정신적 충격에 대한 위로금(위자료)으로 1억 원을 주는 것이 마땅하다.

**도주죄**
법률에 의해 정당한 절차로 체포 또는 구금된 사람이 도망갔을 때 해당하는 범죄예요.

**사기죄**
다른 사람을 속이고 재산상의 이익을 얻는 범죄를 말해요.

관련 법률

「형사소송법」 제325조(무죄의 판결) 피고사건이 범죄로 되지 아니하거나 범죄사실의 증명이 없는 때에는 판결로써 무죄를 선고하여야 한다.

「민법」 제750조(불법행위의 내용) 고의 또는 과실로 인한 위법행위로 타인에게 손해를 가한 자는 그 손해를 배상할 책임이 있다.

「민법」 제751조(재산 이외의 손해의 배상) ① 타인의 신체, 자유 또는 명예를 해하거나 기타 정신상고통을 가한 자는 재산 이외의 손해에 대하여도 배상할 책임이 있다.

# 말싸움으로 잔치의 분위기를 흐린 두꺼비와 여우는 죄가 있을까?

지금부터 사건번호 2014도205의 모의재판을 시작하겠습니다. 노루가 차린 잔치에 참석한 두꺼비와 여우는 서로 말싸움을 벌여 분위기를 삭막하게 만들었습니다. 이에 검사는 두꺼비와 여우를 소요죄와 의식방해죄로 기소했습니다. 배심원 여러분은 이 경우 어떠한 판결을 내리시겠습니까? 그러면 사건번호 2014도205의 올바른 판결을 위해 사건의 내용을 알아보도록 하겠습니다.

멀리 중국 땅에 옥포산이라는 곳이 있었습니다. 옥포산은 하늘을 찌를 듯이 높은 봉우리들로 둘러싸여 그 풍경이 매우 아름다웠습니다. 깎아지른 절벽은 세상 사람이 보지 못하게 움푹 들어가 있어 동물들이 살기에 좋은 곳이었습니다.

그곳에 털빛이 하얗고 주둥이는 뾰족하며 두 귀가 살짝 올라간 노루가 살고 있었습니다. 노루는 자신의 아버지를 몹시 존경해 '장 선생'이라고 불렀습니다. 장 선생이 높은 벼슬에 오르자 노루는 다른 동물들을 초대해 큰 잔치를 벌이기로 했습니다. 다만 다른 동물들이 두려워할 것 같아 호랑이는 초대하지 않았지요.

잔칫날이 되자 뿔이 긴 사슴과 눈이 빨간 토끼, 꼬리가 방정맞은 원숭이, 꾀가 많은 여우, 가시가 뾰족한 고슴도치, 털빛이 고운 오소리, 미련한 두더지, 매끄러운 수달 등 많은 동물들이 앞서거니 뒤서거니 하며 마당으로 들어섰습니다. 그리고 제일 마지막으로 두꺼비가 눈을 끔뻑거리며 들어왔습니다.

"차린 건 없지만 맘껏 드시고 실컷 놀다 가세요."

장 선생의 말이 끝나자 동물들은 서로 윗자리에 앉으려고 다툼을 벌이기 시작했습니다. 호랑이가 없으니 너도나도 자신이 최고의 동물이라고 주장했기 때문이에요. 그중에서도 두꺼비와 여우가 계속 다른 동물들을 몰아세우며 자기가 최고의 동물이라고 우겼습니다. 겁에 질린 다른 동물들은 두꺼비와 여우에게 윗자리를 양보하고 물러섰습니다. 하지만 두꺼비와 여우는 마지막으로 남은 제일 윗자리를 두고 싸움을 멈추지 않았습니다.

"이럴 게 아니라 나이가 제일 많은 동물이 윗자리에 앉도록 합시다."

토끼의 말에 모두들 고개를 끄덕였습니다.

이때 잠자코 있던 노루가 먼저 말했습니다.

"허리가 제일 굽은 내가 앉아야겠군."

노루의 말에 여우가 얼른 대답했습니다.

"저는 젊은 시절, 술에 잔뜩 취해 양반님들의 길로 지나가다 그만 호패를 빼앗겨 버렸지요. 그래서 나이를 증명할 수는 없지만, 여기 제 얼굴에 있는 흰 수염을 한번 보세요."

여우가 흰 수염을 보여 주자 노루가 다시 말했습니다.

"나는 이 세상이 처음 만들어질 때 별자리를 정해 별을 박는 일을 했답니다."

여우와 노루가 다투는 모습을 가만히 지켜보던 두꺼비는 '나라고 거짓말을 못 할까' 하는 생각이 들었습니다.

"흑흑, 저기 있는 나무를 보니 갑자기 옛 생각이 떠오르네요. 내가 소년이었을 때 저기에 세 그루의 나무를 심었어요. 나무들은 잘 자라 굵은 나무가 되었답니다. 그중 한 그루는 큰 아들이 하늘에 별을 박을 때 방망이로 쓰려고 베어 갔어요. 그리고 또 한 그루는 둘째 아들이 황하 강 공사에 쓰려고 베어갔지요. 그런데 두 아들 모두 귀한 나무를 베고는 부정이 타서 죽고 말았답니다. 마지막으로 남은 저 나무를 보니 아들들 생각이 절로 나 이렇게 눈물이 나는군요."

이 말을 듣고 보니 두꺼비의 나이가 가장 많았습니다. 손님으로 온 동물들이 두꺼비에게 윗자리에 앉으라며 권했습니다. 노루는 마음이 편치 않았습니다. 언짢기는 여우도 마찬가지였습니다. 분해서 얼굴이 붉으락푸르락해진 여우가 말했습니다.

"두꺼비 어르신, 나이가 많다 하니 세상 구경도 많이 다니셨겠습니다. 저도 온 천하를 돌아다녔지요. 동쪽에 있는 태산과 북쪽의 향산, 중앙의 숭산까지 안 가 본 곳이 없답니다. 동정호를 둘러보고 무협 열두봉에 올라가 세상도 굽어보았지요. 이태백이 달을 잡으려던 채석강과 적벽강도 참 멋있었습니다. 조선 땅에서는 인왕산과 남산을 모두 올라 보고 대동강 강물에 몸도 적셔 보았습지요. 그리고는 동해를 건너 일본 땅까지 밟아 보았답니다."

다른 동물들의 감탄에 여우는 이 정도면 두꺼비의 기가 확 죽었겠지 싶었습니다. 그런데 두꺼비는 여우를 딱하다는 듯이 쳐다보며 말했습니다.

"여우야, 너는 그저 눈에 보이는 풍경만 구경하고 왔구나. 세상의 하늘과 땅, 별, 산, 강에는 모두 근본이 있는 법이란다. 나는 세상 안뿐 아니라 세상 밖으로도 나가 해와 달이 돋는 곳과 지는 곳을 모두 가 보았단다. 그뿐인가? 바다 건너 신선들이 사는 땅까지 모두 돌아보았지."

두꺼비의 말이 끝나자 다른 동물들은 입을 쩍 벌리며 놀라워했고 여우는 얼굴이 차갑게 굳었습니다. 두꺼비와 여우의 말싸움이 멈추지 않자 잔치를 연 노루는 어쩔 줄 몰라 했습니다.

## 두꺼비와 여우는 죄가 있을까?

지금부터 사건번호 2014도205, 노루의 잔치에서 윗자리를 놓고 말싸움을 벌인 두꺼비와 여우에 대한 판결을 내리겠습니다.

### 1 참가자의 한마디 & 최후 진술

**피해자 노루**: 두꺼비와 여우는 아버지를 축하하는 잔치를 엉망으로 만들었습니다.

**피고인 두꺼비와 여우**: 저희는 그저 자리를 정하려고 논쟁을 했을 뿐입니다.

#### 유죄입니다 (검사)

존경하는 재판장님.
다른 동물들을 협박하며 연회를 방해한 두꺼비와 여우를 소요죄와 의식방해죄로 처벌해야 합니다.

① 두꺼비와 여우는 윗자리에 앉기 위해 다른 동물을 협박하면서 계속 말싸움을 벌여 잔치 장소를 소란스럽게 했습니다.
② 노루가 아버지를 위해 연 잔치에 와서 분위기를 험악하게 만들고 잔치를 훼방 놓은 두꺼비와 여우의 행동은 「경범죄처벌법」의 의식방해죄에 해당됩니다.

#### 무죄입니다 (변호사)

존경하는 재판장님.
두꺼비와 여우는 무죄입니다.

① 두꺼비와 여우는 자리 때문에 우연히 가벼운 말싸움을 벌인 것일 뿐, 잔치를 방해할 생각이 전혀 없었습니다. 또 다른 동물들의 안전을 위협할 만큼 폭력이나 협박을 가하지 않았으므로 소요죄와 의식방해죄는 성립하지 않습니다.
② 두꺼비와 여우의 자리 다툼은 사회적으로 납득할 만한 행동이었으므로 이를 법으로 처벌하는 것은 타당하지 않습니다.

### 2 배심원의 판단

나는 두꺼비와 여우가 ( 무죄, 유죄 )라고 생각합니다. 왜냐하면 _____

## 3 현명한 판사의 판결

**소요죄**
여러 사람이 모인 자리에서 안전과 공중 질서를 어지럽힐 정도로 폭행이나 협박 또는 물건을 파괴했을 때 해당되는 범죄예요.

**의식방해죄**
의식이나 연회에서 큰 소리를 지르거나 싸움을 하는 등 공중 질서를 어지럽히는 범죄를 말해요. 일상생활에서 흔히 일어날 수 있는 가벼운 위법 행위라 경범죄라고도 하는데, 길에서 오줌을 누는 노상방뇨도 경범죄에 해당한답니다.

피고인 두꺼비와 여우의 말, 피해자 노루의 말과 잔치의 초대장, 잔치에 참석한 동물들의 증언, 두꺼비와 여우의 나이를 정확히 알 수 없다는 의사의 소견서 그리고 잔치 당시 좌석 배치도 등의 증거를 종합하면, 효성 깊은 노루가 벼슬에 오른 아버지를 축하하기 위해 잔치를 열었는데, 두꺼비와 여우가 다른 동물들을 내쫓고 제일 높은 윗자리에 앉으려고 말싸움을 벌이며 잔치의 분위기를 엉망으로 만들었음이 인정된다.

소요죄는 많은 사람의 안전과 공공질서에 위험을 초래할 정도로 많은 사람이 참여해 폭력과 협박, 파괴를 했을 경우 성립되는 것이므로 두꺼비와 여우는 여기에 해당하지 않는다.

한편 두꺼비와·여우가 남의 잔치에 와서 말싸움을 벌여 잔치의 분위기를 흐리고 다른 동물들에게 피해를 준 사실은 분명해 보인다. 하지만 우리나라의 풍습에 비추어 보면 잔치에서는 윗사람을 공경하는 예법에 따라 자리의 높낮이가 분명히 있다. 사건의 정황상 두꺼비와 여우가 자신들의 나이를 정확하게 증명할 수 없는 상황에서 스스로의 연륜과 경험을 뽐내며 말싸움을 한 것이므로, 이를 범죄로 처벌하는 것은 우리나라의 사회통념상 맞지 않는다. 이러한 행동을 모두 범죄로 몰아 처벌하면 대한민국의 장유유서라는 전통이 훼손되고 장 선생 축하 연회의 의미도 퇴색될 것이므로 법이 개입할 이유가 크지 않다고 판단된다. 「경범죄처벌법」 제2조에서도 이와 같은 상황에서 처벌의 남발을 방지하도록 하고 있다.

따라서 두꺼비와 여우의 행동은 「형법」 제20조의 정당행위에 해당하며 두꺼비와 여우는 모두 무죄이다.

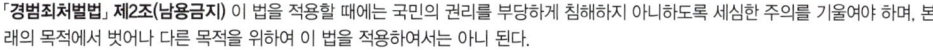

「경범죄처벌법」 제2조(남용금지) 이 법을 적용할 때에는 국민의 권리를 부당하게 침해하지 아니하도록 세심한 주의를 기울여야 하며, 본래의 목적에서 벗어나 다른 목적을 위하여 이 법을 적용하여서는 아니 된다.
「형법」 제20조(정당행위) 법령에 의한 행위 또는 업무로 인한 행위 기타 사회상규에 위배되지 아니하는 행위는 벌하지 아니한다.

# 바위를 타고 왜나라에 간 연오랑과 세오녀는 죄가 있을까?

지금부터 사건번호 2014도206의 모의재판을 시작하겠습니다. 연오랑과 세오녀는 의도하지는 않았지만 바위를 타고 우리나라의 땅을 벗어나 왜나라로 갔습니다. 이에 신라의 검사는 연오랑과 세오녀를 출입국관리법위반죄(밀출국 행위)로 기소했습니다. 배심원 여러분은 이 경우 어떠한 판결을 내리시겠습니까? 그러면 사건번호 2014도206의 올바른 판결을 위해 사건의 내용을 알아보도록 하겠습니다.

**신라의** 8대 왕인 아달라왕 때의 일이었습니다. 동해에 있는 어느 작은 마을에 연오랑과 세오녀라는 젊은 부부가 살고 있었습니다. 연오랑은 물고기를 잡는 어부였고 세오녀는 길쌈을 해 살림에 보태는 아낙네였습니다. 넉넉한 형편은 아니었지만 두 사람은 행복하게 살았습니다.

햇볕이 따뜻하게 내리쬐던 어느 날, 세오녀의 배웅을 받으며 바다로 나온 연오랑은 힘껏 그물을 던졌습니다.

"날씨도 좋고 바람도 잔잔해서 오늘은 고기가 많이 잡히겠는걸."

연오랑은 콧노래를 부르며 그물을 걷었지만 웬일인지 그물에는 잡힌 물고기가 한 마리도 없었습니다. 몇 번을 더 던져 보았지만 물고기는 온종일 한 마리도 잡히지 않았습니다.

"이게 어떻게 된 일이지? 안 되겠다. 미역이라도 따 가야지."

어느덧 뉘엿뉘엿 저물고 있는 해를 보자 연오랑은 마음이 급해졌습니다. 빈손으로 집에 갈 수 없었던 연오랑은 그물을 한쪽에 치워 두고 이 바위 저 바위를 돌아다니며 미역을 따기 시작했습니다.

'저 바위에 있는 미역만 따고 이제 집에 가야겠다.'

유난히 미역이 많이 걸려 있는 바위를 발견한 연오랑은 신발을 벗고 바위로 올라가 미역을 따기 시작했습니다. 그렇게 얼마 동안 바위에 앉아 미역을 따고 있는데 이상하게 바위가 흔들거렸습니다. 이상한 기분이 든 연오랑은 그제야 고개를 들고 주변을 살펴보았습니다.

"아니, 이게 어떻게 된 거야? 내가 바다 한가운데에 있잖아!"

연오랑은 깜짝 놀랐습니다. 연오랑이 앉은 바위가 바다 위에 두둥실 떠서 흘러가고 있었습니다. 연오랑은 멈추어 보려고 바위를 잡고 힘을 주는 등 애를 썼지만 바위는 멈출 기미가 보이지 않았습니다. 바위 위에서 뛰어내릴까도 생각해 보았지만 출렁거리는 거센 파도에 엄두가 나지 않았습니다.

"큰일 났네. 세오녀가 기다리고 있을 텐데……."

집에서 자신이 오기만을 기다리고 있을 세오녀가 생각나자 연오랑은 더욱 애가 탔습니다. 하지만 발만 동동 구를 뿐 바위를 멈출 방법은 없었습니다. 어디로 가는지도 모른 채 연오랑은 그저 바위에 앉아 무사하기만을 빌었습니다. 그렇게 한참 바다를 떠돌던 바위는 동쪽 왜나라의 한 낯선 섬에

닿았습니다.

"아, 육지다! 하느님, 감사합니다."

바위가 멈추자 연오랑은 훌쩍 뛰어내렸습니다. 섬에 있던 사람들은 갑자기 나타난 연오랑을 기쁘게 맞이했습니다.

"하늘에서 보내 준 우리 섬의 왕이 틀림없어!"

연오랑은 섬 나라의 왕이 되었지만 행복하지 않았습니다. 방긋 웃는 세오녀의 얼굴이 떠오를 때면 연오랑의 얼굴은 금세 시무룩해졌습니다. 하지만 집에서 얼마나 떨어진 곳인지 짐작할 수 없었고, 온 길을 다시 되짚어 가는 것도 엄두가 나지 않았습니다.

한편 세오녀는 물고기를 잡는다며 아침 일찍 나갔던 연오랑이 돌아오지 않자 무척 걱정이 되었습니다. 마을을 다니며 이 사람 저 사람에게 물어보았지만 연오랑을 보았다는 사람은 아무도 없었습니다.

"며칠씩이나 소식도 없이 집에 돌아오지 않다니……. 분명 연오랑에게 무슨 일이 생긴 게 틀림없어."

세오녀는 연오랑의 흔적을 찾기 위해 바닷가로 나왔습니다.

"연오랑! 연오랑! 이디 있어요?"

　세오녀가 아무리 큰 소리로 불러 보아도 연오랑의 대답은 들리지 않았습니다. 연오랑의 이름을 부르며 여기저기로 다니던 세오녀의 눈에 무엇인가가 발견되었습니다. 바로 연오랑의 신발이었습니다. 세오녀는 한달음에 연오랑의 신발을 향해 달려갔습니다.

　"설마 연오랑이 바다에 빠진 것은 아니겠지?"

　세오녀는 또다시 연오랑을 큰 소리로 불렀지만 연오랑은 여전히 대답이 없었습니다. 세오녀는 연오랑의 신발을 들고 커다란 바위에 털썩 앉았습니다. 그때였습니다. 세오녀가 앉은 바위가 흔들흔들 움직이더니 순식간에 바다 위로 둥실둥실 흘러갔습니다. 세오녀는 깜짝 놀랐지만 빠르게 움직이는 바위 위에서 뛰어내리기란 쉬운 일이 아니었습니다.

　"어떻게 해야 바위를 멈출 수 있지? 이거 참 큰일이네."

　세오녀는 바위에서 쿵쿵 뛰기도 하고 바위를 붙잡기도 했지만 아무 소용이 없었습니다. 세오녀를 태우고 얼마만큼 바다 위를 떠가던 바위는 이윽고 어느 섬에 도착했습니다. 세오녀를 본 사람들은 그녀를 자신들의 왕에게 데리고 갔습니다.

　"임금님, 바위를 타고 온 사람이 또 있어서 데리고 왔습니다."

　세오녀는 눈을 들어 왕을 보고는 깜짝 놀라고 말았습니다. 그토록 애타게 찾던 연오랑이었기 때문입니다. 다시 만난 연오랑과 세오녀는 기쁨의 눈물을 흘렸습니다. 그 후 연오랑과 세오녀는 백성들에게 고기 잡는 기술과 베 짜는 기술을 가르치며 섬 나라를 잘 다스렸답니다.

# 연오랑과 세오녀는 죄가 있을까?

지금부터 사건번호 2014도206, 아무런 절차도 밟지 않고 신라에서 왜나라로 간 연오랑과 세오녀에 대한 판결을 내리겠습니다.

## 1 참가자의 한마디&최후 진술

**증인 신라 관리**: 연오랑과 세오녀는 아무런 절차 없이 신라를 떠나 왜나라로 갔습니다.

### 유죄입니다 (검사)

존경하는 재판장님.
왜나라에 몰래 들어가 살고 있는 연오랑과 세오녀를 출입국관리법위반죄로 엄벌해 주십시오.

❶ 신라 사람인 연오랑과 세오녀는 신라와 왜나라 양 국의 「출입국관리법」에 따라 정당한 절차를 밟아야 함에도 불구하고 이러한 절차를 모두 무시한 채 몰래 출국했습니다. 이것은 출입국관리법위반죄에 해당합니다.

**피고인 연오랑과 세오녀**: 저희는 바위가 움직여 어쩔 수 없이 왜나라로 간 것입니다.

### 무죄입니다 (변호사)

존경하는 재판장님.
연오랑과 세오녀는 본인들의 계획에 따라 왜나라에 간 것이 아니므로 무죄입니다.

❶ 본래는 나라의 허락을 받고 외국에 가는 것이 마땅합니다만 연오랑과 세오녀가 왜나라로 갈 당시에는 정당한 출국 절차를 밟을 수 없는 상황이었습니다. 두 사람 모두 움직이는 바위로 인해 뜻하지 않게 왜나라에 가게 되었기 때문입니다.

## 2 배심원의 판단

나는 연오랑과 세오녀가 ( 무죄, 유죄 )라고 생각합니다. 왜냐하면 _____

## 3 현명한 판사의 판결

피고인 연오랑과 세오녀의 말, 증인 신라 관리의 증언, 왜나라 사람들과 동해 마을 사람들의 증언, 움직이는 바위가 일본으로 두 차례 떠내려간 사실이 기록된 문서 등의 증거를 종합하면, 본래 신라 사람인 연오랑과 세오녀가 우연히 바닷가에서 움직이는 바위를 타고 아무런 절차도 없이 다른 나라인 왜나라에 들어갔음이 인정된다.

「출입국관리법」 제3조에 따르면 모든 국민은 국법에서 정한 절차에 따라 외국에 출국해야 하므로 신라 사람인 연오랑과 세오녀가 아무런 신고 없이 왜나라에 간 것은 출입국관리법위반죄(밀출국 행위)가 될 소지가 있다. 그러나 연오랑과 세오녀는 바위가 움직이는 자연적인 사건으로 인해 뜻하지 않게 신라를 떠나 왜나라에 입국한 것이었다. 또한 신라에 다시 돌아올 수 없는 상황이었으므로 범죄의 아무런 고의가 없어 무죄이다.

따라서 「형사소송법」 제325조와 「형법」 제13조에 근거하여 피고인 연오랑과 세오녀에게 무죄를 선고하는 바이다.

**출입국관리법**
출국과 입국에 관한 절차와 금지 사항을 정한 법률이에요. 최근 결혼이민자나 외국인 근로자가 많아지면서 법률을 위반하는 사례가 많아졌답니다.

### 관련 법률

「**출입국관리법**」 **제3조(국민의 출국)** ① 대한민국에서 대한민국 밖의 지역으로 출국(이하 "출국"이라 한다)하려는 국민은 유효한 여권을 가지고 출국하는 출입국항에서 출입국관리공무원의 출국심사를 받아야 한다. 다만, 부득이한 사유로 출입국항으로 출국할 수 없을 때에는 관할 출입국관리사무소장(이하 "사무소장"이라 한다)이나 관할 출입국관리사무소 출장소장(이하 "출장소장"이라 한다)의 허가를 받아 출입국항이 아닌 장소에서 출입국관리공무원의 출국심사를 받은 후 출국할 수 있다.

「**형사소송법**」 **제325조(무죄의 판결)** 피고사건이 범죄로 되지 아니하거나 범죄사실의 증명이 없는 때에는 판결로써 무죄를 선고하여야 한다.

「**형법**」 **제13조(범의)** 죄의 성립요소인 사실을 인식하지 못한 행위는 벌하지 아니한다.

사건번호 2014도207

# 허락 없이 야생 장끼를 잡은 탁 첨지는 죄가 있을까?

지금부터 사건번호 2014도207의 모의재판을 시작하겠습니다. 사냥꾼인 탁 첨지가 함부로 놓은 덫에 장끼가 죽고 말았습니다. 이에 검사는 꿩도 천연기념물같이 보호해야 하는 귀중한 동물이라고 주장하며 「야생생물보호 및 관리에 관한 법률」 위반죄로 탁 첨지를 기소했습니다. 배심원 여러분은 이 경우 어떠한 판결을 내리시겠습니까? 그러면 사건번호 2014도207의 올바른 판결을 위해 사건의 내용을 알아보도록 하겠습니다.

하늘과 땅이 열리면서 세상이 만들어진 뒤, 많은 것들이 어울려 살기 시작했습니다. 그러나 생명을 지닌 것들 중에서 가장 귀한 대접을 받은 것은 인간이었습니다. 그 외의 짐승들은 천한 대우를 받았지요.

수많은 날짐승과 길짐승 가운데 꿩은 그 어떤 동물보다 화려한 옷을 입은 동물이었습니다. 윤기가 반지르르 흐르는 깃털을 자랑하는 수컷 꿩의 이름은 장끼였고, 장끼에 비해 수수한 암컷 꿩의 이름은 까투리였습니다.

꿩 가족은 푸른 숲 속을 돌아다니며 도토리를 주워 먹거나 사람들의 발길이 오가는 시냇가 근처에서 떨어진 곡식들을 쪼아 먹으며 살았습니다. 꿩 가족은 하늘을 날 때는 보라매를 피해야 했고, 땅에 있을 때는 사냥

개와 사람을 조심해야 했습니다.

눈이 펄펄 내리는 몹시도 추운 겨울날이었습니다. 눈 때문에 도토리는 물론, 곡식 낟알조차 구하지 못한 꿩 가족은 주린 배를 채우기 위해 다 함께 집을 나섰습니다.

"혹시 들판에 떨어진 콩알이나 벼 이삭이 있을지도 모르니 어서 나가 봅시다."

장끼와 까투리는 아들딸과 함께 앞서거니 뒤서거니 하며 날아갔습니다. 숲을 벗어나 갈림길에 다다르자 장끼가 말했습니다.

"얘들아, 뭉쳐 다니면 눈에 띌 수도 있으니 흩어져서 곡식을 찾아보자."

이 말에 어린 꿩들은 사방으로 날아갔고, 들판에는 장끼와 까투리만 남았습니다.

장끼는 두리번거리며 뭐 먹을 것이 없나 찾았습니다. 그때 하얗게 눈이 쌓인 들판 한가운데에서 까만 콩 한 알을 발견했습니다. 장끼는 콩이 놓인 곳으로 포르르 날아갔습니다. 콩알은 크고 반지르르한 윤기가 흘렀습니다.

'하늘이 내게 주신 기회로구나! 어디 먹어 볼까?'

장끼가 입맛을 다시며 덥석 콩을 물려고 할 때 까투리가 나타났습니다. 까투리는 콩 주변을 두리번거리며 살피더니 장끼를 말렸습니다.

"여보, 그 콩 먹지 말아요. 눈길 위에 사람의 발자국이 보이는 게 아무래도 수상해요."

부인의 걱정에 장끼는 흥 하고 콧방귀를 뀌었습니다.

"사람이 다니니 콩알이 떨어져 있는 거지. 별 걱정을 다 하는구려."

하지만 까투리는 콩을 먹지 말라며 계속해서 장끼를 말렸습니다.

"지난밤 꿈에 사람이 죽으면 묻힌다는 북망산을 봤어요. 북망산 하늘에 쌍무지개가 뜨는가 싶더니 갑자기 그것이 번쩍이는 칼로 변해 당신의 목을 댕강 베어 버렸단 말이에요. 아무래도 꿈이 너무 불길해요."

까투리의 말에 장끼는 웃으며 대답했습니다.

"그 꿈은 내가 과거에 급제해서 어사화를 머리에 꽂고 큰 거리를 왔다 갔다 할 좋은 꿈이오. 그러니 괜한 걱정 마오."

까투리의 꿈 이야기에도 눈 하나 깜짝하지 않은 장끼는 다시 콩을 먹기 위해 다가섰습니다. 그러자 까투리는 또 다른 꿈 이야기를 했습니다.

"또 다른 꿈도 꾸었어요. 천 근이나 되는 무쇠솥이 당신 머리로 쿵 떨어지지 뭐예요? 당신은 그 무거운 걸 뒤집어쓰고 물길에 빠져 허우적거리다가 결국 빠져나오지 못했어요."

장끼는 이번에도 까투리의 꿈을 제멋대로 해석했습니다.

"그 꿈이야말로 더 좋은 꿈이오. 무쇠솥을 썼다는 건 내가 군대를 이끄는 대장이 된다는 뜻이오."

까투리는 아무리 말려도 듣지 않자 그만 지치고 말았습니다.

"그렇게 원하면 드세요."

까투리가 더 이상 말리지 않자 장끼는 기다렸다는 듯이 꽁지깃을 쫙 펴고 반달 같은 부리로 통통한 콩을 콕 찍었습니다.

"아, 맛있겠다!"

그 순간, 숨어 있던 덫의 양날이 장끼의 목 위로 날아가 장끼를 옭아맸습니다. 장끼는 도망치려고 푸드덕거리며 날갯짓을 했지만 소용이 없었습니다.

"아이고, 이 일을 어쩌나! 내가 그리 말렸건만 기어이 콩을 먹으려다 귀한 목숨만 잃게 생겼구나."

까투리는 슬프게 울었고, 장끼는 그제서야 자신의 어리석은 행동을 후회했습니다.

"작은 욕심에 눈이 멀어 당신의 말을 듣지 않았구려. 부인, 부디 우리 아이들을 잘 키워 주시오."

장끼가 숨을 거둔 뒤에도 까투리는 눈물을 흘리며 그 자리를 떠날 줄을 몰랐습니다. 잠시 후 털모자를 눌러쓴 탁 첨지가 덫에 걸린 동물이 있는지 확인을 하러 왔습니다.

"매번 우리 밭의 콩을 파먹는 게 누군가 했더니 요 장끼 놈이었구나. 어리석게도 한 겨울에 웬 콩인가 해서 덥석 물었군."

탁 첨지는 장끼 고기를 먹을 생각에 입안에 군침이 가득 돌았습니다.

"아이고, 기분 좋아라. 콩 한 알로 잘생긴 장끼를 잡았구나!"

장끼를 들고 사라지는 탁 첨지를 보면서 까투리는 서럽게 울었습니다.

# 탁 첨지는 죄가 있을까?

지금부터 사건번호 2014도207, 산속에 덫을 놓아 장끼를 잡은 탁 첨지에 대한 판결을 내리겠습니다.

## 1 참가자의 한마디 & 최후 진술

**피해자 까투리**: 탁 첨지가 함부로 놓은 덫에 제 남편이 목숨을 잃었습니다.

### 유죄입니다 (검사)

존경하는 재판장님.
야생동물인 꿩을 해친 탁 첨지를 「야생생물보호 및 관리에 관한 법률」 위반죄로 처벌해야 합니다.

1. 꿩이 개체수가 급격히 줄고 있는 귀한 야생동물임을 감안해 천연기념물 또는 멸종위기 야생동물처럼 꿩을 함부로 포획하지 못하도록 보호할 필요성이 있습니다.
2. 수렵 허가도 받지 않고 불법 도구인 덫을 놓아 꿩을 잡아 죽이고 꿩 가족의 평화를 해친 탁 첨지를 「야생생물보호 및 관리에 관한 법률」 위반죄로 엄벌해 주십시오.

**피고인 탁첨지**: 저는 우리 콩밭을 망친 꿩을 잡은 것뿐입니다.

### 무죄입니다 (변호사)

존경하는 재판장님.
장끼는 스스로의 어리석음으로 덫에 걸린 것입니다. 탁 첨지는 무죄입니다.

1. 꿩은 야생동물이긴 하지만 천연기념물도, 멸종 위기 야생동물도 아닙니다.
2. 탁 첨지가 덫으로 꿩을 잡긴 했지만 꿩은 농작물 보호 차원에서 법으로 사냥을 허락한 유해 야생동물입니다.
3. 탁 첨지의 행동은 정월 초에 치러지던 '꿩 잡기'라는 우리 고유의 전통에 비추어도 정당합니다.

## 2 배심원의 판단

나는 탁 첨지가 ( 무죄, 유죄 )라고 생각합니다. 왜냐하면 _____

## 3 현명한 판사의 판결

피고인 탁 첨지의 말, 피해자 까투리의 말과 장끼가 걸린 덫, 탁 첨지에게 수렵 관련 면허가 없다는 사실확인서, 꿩이 천연기념물이나 멸종 위기 야생동물이 아니라는 전문가의 확인서 등의 증거를 종합하면, 정월 초에 꿩잡이에 나선 탁 첨지가 꿩이 다니는 길목에 덫을 놓아 지나가던 장끼 한 마리를 포획한 사실이 인정된다.

천연기념물인 반달가슴곰, 삽살개, 진돗개, 하늘다람쥐, 제주마 등과 멸종 위기 야생동물인 호랑이, 구렁이, 매 등은 문화재와 동등하게 보호할 가치가 있거나 멸종 위기에 직면한 동물들이다. 꿩은 여기에 해당하지 않으므로 탁 첨지에게는 천연기념물손상죄나 멸종위기 야생동물포획죄가 성립하지는 않는다. 그러나 꿩도 엄연히 야생동물이고 유해야생동물로 지정되지 않았으므로 법에 따른 정당한 보호를 받는다. 야생동물을 사냥하려면 지정된 장소에서 허가 또는 면허를 받아야 하는데 탁 첨지의 경우, 아무런 수렵 면허나 포획 허가를 가지고 있지 않다. 그럼에도 불구하고 단지 꿩이 자신의 농작물을 훼손했을지도 모른다는 이유로 함부로 덫을 놓아 야생동물을 잡은 탁 첨지의 행동은 법에 어긋난다. 그러므로 우리 고유의 전통에 따른 정당한 행동이었다는 탁 첨지와 변호사의 주장은 받아들이지 아니한다.

따라서 「야생생물보호 및 관리에 관한 법률」 제19조 및 제69조에 근거하여 야생동물을 함부로 잡은 탁 첨지에게 벌금 5백만 원을 선고한다. 포획한 장끼는 나라에서 몰수해야 하나 꿩 가족이 슬퍼할 것을 고려하여 꿩 가족에게 인도하도록 한다.

### 천연기념물손상죄
「문화재보호법」에 따르면 천연기념물인 동식물 등을 훼손하거나 손상시키는 것은 범죄랍니다.

### 멸종위기 야생동물포획죄
멸종위기에 처한 야생동물을 몰래 잡는 범죄예요.

### 야생동물밀렵죄
허가받지 않고 법을 어기며 야생동물을 몰래 잡는 범죄예요.

### 관련 법률

「야생생물보호 및 관리에 관한 법률」

**제19조(야생동물의 포획 금지 등)** ① 누구든지 멸종위기 야생생물에 해당하지 아니하는 야생동물 중 환경부령으로 정하는 포유류, 조류, 양서류 및 파충류를 포획하여서는 아니 된다. 다만, 다음 각 호의 어느 하나에 해당하는 경우로서 특별자치도지사·시장·군수·구청장(구청장은 자치구의 구청장을 말하며, 이하 "시장·군수·구청장"이라 한다)의 허가를 받은 경우에는 그러하지 아니하다.

**제69조(벌칙)** ① 다음 각 호의 어느 하나에 해당하는 자는 2년 이하의 징역 또는 1천만 원 이하의 벌금에 처한다.
6. 제19조제1항을 위반하여 야생동물을 포획한 자
7. 제19조제2항을 위반하여 야생동물을 포획하기 위하여 폭발물, 덫, 창애, 올무, 함정, 전류 및 그물을 설치 또는 사용하거나 유독물, 농약 및 이와 유사한 물질을 살포하거나 주입한 자
14. 제44조제1항을 위반하여 수렵면허를 받지 아니하고 수렵한 사람

교과서 수록 작품

# 탐관오리들의 재산을 빼앗아 가난한 사람들에게 나눠 준 홍길동은 죄가 있을까?

지금부터 사건번호 2014도208의 모의재판을 시작하겠습니다. 홍길동은 가난하고 힘없는 백성들을 괴롭히고 그들의 재물을 빼앗은 감사와 관리들의 재산을 훔쳐 백성들에게 되돌려 주었습니다. 이에 검사는 홍길동을 소요죄와 특수강도죄로 기소했습니다. 배심원 여러분은 이 경우 어떠한 판결을 내리시겠습니까? 그러면 사건번호 2014도208의 올바른 판결을 위해 사건의 내용을 알아보도록 하겠습니다.

달 밝은 가을 밤, 글을 읽던 길동은 책상을 밀치며 깊은 한숨을 내쉬었습니다.

"어차피 벼슬길에 오르지 못할 텐데 글공부가 무슨 소용이 있을까? 게다가 아버지를 아버지라 부르지 못하고, 형을 형이라 부를 수 없으니 답답하기 짝이 없구나."

길동은 홍판서의 두 번째 부인에게서 태어났습니다. 첫 번째 부인에게서 태어나지 않았다는 이유로, 길동은 학문과 무술이 뛰어났음에도 불구하고 많은 설움을 겪어야 했습니다. 결국 길동은 아버지가 계신 안채를 향해 넙죽 큰절을 올리고 집을 떠나기로 결심했습니다.

"아버지, 부디 만수무강 하시옵소서."

집을 떠나 마냥 걷던 길동은 어느 울창한 숲에 도착했습니다. 그곳에서 길동은 숲길 가운데에 있는 커다란 돌문을 발견했습니다. 길동이 돌문을 열자 그 안으로 너른 들판이 보였습니다. 들판에는 논과 밭 그리고 집들이 빼곡히 자리 잡고 있었습니다.

"세상에, 이런 곳에 마을이 있다니! 어디 한번 들어가 볼까?"

길동이 문 안으로 들어섰을 때 마침 널찍한 마당에서 잔치가 벌어지고 있었습니다. 가만히 보니 엄청나게 큰 돌을 들어 올리는 시합을 하던 중이었습니다. 돌을 들어 올리려 쩔쩔매는 사람들을 구경하던 길동은 아랫배에 힘을 주고 큰 소리로 말했습니다.

"여보시오. 괜찮다면 내가 한번 들어 봐도 되겠소?"

말이 끝나기가 무섭게 길동은 큰 돌덩이를 번쩍 들고 얼마쯤 성큼성큼 걸어간 뒤 돌을 내려놓았습니다. 이 모습을 본 사람들은 깜짝 놀라며 길동의 주위로 몰려들었습니다.

"사실 저희들은 도적들입니다. 마침 우두머리가 없어 뽑는 중이었는데 하늘이 도우셔서 장군님이 오신 듯합니다. 제발 우리들의 대장이 되어 주십시오."

길동은 하루아침에 도적 떼의 우두머리가 되었습니다. 길동은 자신이 배우고 익힌 무술과 학문을 도적들에게 가르쳐 주었습니다. 군법을 배우고 무술을 연마한 도적들은 여느 군대 못지않은 실력을 갖추게 되었습니다.

어느 날, 도적들이 무술을 연마하는 모습을 지켜보던 길동이 도적들을 한데 모아 놓고 큰 소리로 말했습니다.

"이제 모든 준비가 끝났다. 앞으로 우리는 조선 팔도를 돌아다니며 부당

한 방법으로 재물을 모은 탐관오리들의 재산을 다시 빼앗을 것이다. 백성들의 피와 땀이 서린 곡식을 모두 되찾아 백성들에게 되돌려 줄 것이다! 가난한 백성들에게 활기를 불어넣는다는 뜻에서 우리의 이름을 '활빈당'으로 정한다."

길동의 말에 도적들은 일제히 만세를 불렀습니다. 이렇게 해서 활빈당의 활약이 시작되었습니다.

"들자 하니 함경도 감사가 아주 몹쓸 놈이라는 소문이 돌고 있다. 백성들을 괴롭히고 탐욕스러운 제 배를 채우는 놈들은 용서할 수 없다."

그날 밤 길동은 부하들과 함께 도술을 이용해 함경도 감영까지 한달음에 달려갔습니다. 이들은 땅을 주름 잡아 거리를 짧게 하는 도술인 축지법을 사용했습니다. 함경도 감영에 도착한 길동은 곡식과 재물로 가득 찬 창고를 보고 얼굴을 찌푸렸습니다.

"이렇게 가득 채우기 위해 그동안 백성들을 얼마나 괴롭혔을까?"

길동은 부하들에게 성문 밖에 볏짚을 쌓아 놓고 불을 지르도록 했습니다. 한밤중에 일어난 불로 사람들은 모두 당황했습니다. 자다 일어난 함경도 감사도 길길이 날뛰며 소리쳤습니다.

"뭣들 하느냐, 어서 불을 꺼라!"

성안은 벌집을 쑤셔 놓은 듯이 어수선했습니다. 길동과 부하들은 그 틈을 타 창고를 열고 곡식과 재물 그리고 무기 등을 훔쳐 달아났습니다. 그런 다음 훔친 물건들을 가난한 백성들에게 골고루 나눠 주었습니다. 재물을 돌려받은 백성들의 얼굴에는 웃음꽃이 피어났습니다.

"홍길동 만세! 활빈당 만세!"

축지법 외에도 많은 도술을 알고 있던 길동은 풀로 만든 인형에 주문을 걸어 사람처럼 움직이게 한 뒤 하룻밤 새 여덟 고을의 창고를 털도록 했습니다. 여기저기서 관아와 감영 창고는 물론, 뇌물을 받은 관리들의 집이 털리면서 팔도 고을의 감사들과 원님들은 두려움에 떨었습니다. 재물을 모으기 위해 백성들을 괴롭히던 탐관오리들도 밤마다 뜬눈으로 지새우며 창고를 지키곤 했습니다.

'홍길동이라는 도적이 나타나서 각 고을의 재물을 털어 가고 있습니다. 그 도적은 바람과 비를 부르는 놀라운 재주가 있어 지방 관청의 힘으로는 도저히 잡기가 어렵습니다. 바라옵건데 임금님께서는 포도청으로 하여금 하루빨리 그 도적을 잡도록 명을 내려 주시옵소서.'

두려움에 떨던 탐관오리들은 결국 임금님에게 홍길동을 잡아 달라는 상소를 올렸습니다.

## 홍길동은 죄가 있을까?

지금부터 사건번호 2014도208, 나라의 감영 창고와 관리들의 재물을 훔쳐 백성들에게 나눠 준 홍길동에 대한 판결을 내리겠습니다.

### 1 참가자의 한마디 & 최후 진술

홍길동은 감영 창고에 불을 지르고 곡식과 재물 등을 훔쳐 갔습니다.

백성들에게 함부로 빼앗은 재물을 백성들에게 돌려준 것뿐입니다.

#### 유죄입니다 (검사)

존경하는 재판장님.
법을 어기고 물건을 훔쳐 나라를 어지럽힌 홍길동을 소요죄와 특수강도죄로 엄벌해 주십시오.

① 홍길동은 그 일당과 함께 팔도를 돌아다니며 폭력, 협박, 방화 등의 범죄를 저질러 나라의 질서를 어지럽혔습니다.
② 홍길동은 전국의 관아와 감영 창고, 관리의 집 등을 돌며 나라와 개인의 재산을 강도질 하고도 자신들이 의적이라며 강도질을 미화하고 있습니다.

#### 무죄입니다 (변호사)

존경하는 재판장님.
홍길동의 방법은 옳지 않으나 백성들을 사랑하는 마음에서 그들이 빼앗긴 재물을 되찾아 준 것이므로 무죄입니다.

① 홍길동은 비록 창고에 불을 질렀지만 사람들의 안전을 위협한 적은 없습니다.
② 홍길동은 관리들이 부당한 방법으로 모은 곡식과 재물을 본래 주인인 백성들에게 돌려준 것뿐입니다. 이는 백성들을 아끼는 마음에서 한 행동이므로 강도죄와 소요죄에 해당하지 않습니다.

### 2 배심원의 판단

나는 홍길동이 ( 무죄, 유죄 )라고 생각합니다. 왜냐하면 _____

## 3 현명한 판사의 판결

**소요죄**
여러 사람이 모인 자리에서 안전과 공중 질서를 어지럽힐 정도로 폭행이나 협박 또는 물건을 파괴했을 때 해당되는 범죄예요.

**강도죄**
다른 사람의 재산을 강제로 빼앗는 범죄예요.

피고인 홍길동의 말, 피해자 함경도 감사의 말과 함경도 감영 습격 사건의 현장을 목격한 증인들의 증언, 홍길동이 도술을 부리는 모습을 목격한 증인들의 증언, 홍길동이 재산을 나눠 주었다는 백성들의 진술서 등의 증거를 종합하면, 홍길동이 백성들을 괴롭히는 탐관오리들을 혼내 주고 백성들의 재물을 되찾아 주기 위해 관아, 감영 창고, 관리의 집 등을 털고 훔친 것들을 백성들에게 나눠 준 사실이 인정된다.

홍길동은 이 과정에서 도둑들과 함께 불을 지르고 물건을 부수며 폭력을 행사하는 등 사회의 질서를 어지럽혔다. 이러한 행동은 소요죄에 해당한다.

또한 국가의 재산인 감영 창고나 관리들의 집을 습격해 강제로 재물을 빼앗은 행위는 특수강도죄에 해당한다. 홍길동의 행동이 아무리 백성들을 위하는 마음에서 비롯된 것이라고 하더라도 그 수단이 적절하지 않으므로 정당방위나 정당행위가 될 수 없다.

따라서 「형법」 제115조 및 제334조에 따라 중범죄자 홍길동에게 무기징역을 선고한다. 그러나 이미 백성들에게 나눠 준 재물은 다시 돌려받지 않고 그대로 백성들의 재산으로 한다.

### 관련 법률

**「형법」**
**제115조(소요)** 다중이 집합하여 폭행, 협박 또는 손괴의 행위를 한 자는 1년 이상 10년 이하의 징역이나 금고 또는 1천 500만 원 이하의 벌금에 처한다.
**제333조(강도)** 폭행 또는 협박으로 타인의 재물을 강취하거나 기타 재산상의 이익을 취득하거나 제삼자로 하여금 이를 취득하게 한 자는 3년 이상의 유기징역에 처한다.
**제334조(특수강도)** ① 야간에 사람의 주거, 관리하는 건조물, 선박이나 항공기 또는 점유하는 방실에 침입하여 제333조의 죄를 범한 자는 무기 또는 5년 이상의 징역에 처한다. ② 흉기를 휴대하거나 2인 이상이 합동하여 전조의 죄를 범한 자도 전항의 형과 같다.

# 장화와 홍련을 괴롭힌 허씨 부인은 죄가 있을까?

지금부터 사건번호 2014도209의 모의재판을 시작하겠습니다. 장화와 홍련의 새어머니인 허씨 부인은 자매를 매일같이 괴롭히는 것도 모자라 끝내 장화를 죽음에 이르게 했습니다. 이에 검사는 허씨 부인을 아동학대죄와 자살교사죄로 기소했습니다. 배심원 여러분은 이 경우 어떠한 판결을 내리시겠습니까? 그러면 사건번호 2014도209의 올바른 판결을 위해 사건의 내용을 알아보도록 하겠습니다.

늦도록 아이가 없던 배 좌수 부부에게 귀여운 아기가 태어났습니다.
"장미꽃처럼 예쁜 아기구려. 이름을 장화라고 지읍시다."
배 좌수는 장화를 보배처럼 아끼며 길렀습니다. 그리고 장화가 태어난 지 2년 후, 배 좌수의 부인은 둘째 딸을 낳았습니다.
"이 아이는 한 떨기 연꽃같이 아름다우니 홍련이라고 부릅시다."
장화와 홍련은 예쁘고 지혜롭게 무럭무럭 자라났습니다. 그러던 어느 날, 배 좌수의 부인이 갑작스레 병이 나더니 그만 세상을 떠나고 말았습니다.
3년 뒤, 배 좌수는 허씨라는 새 부인을 얻었습니다. 허씨는 원래 성질이 사납고 행동이 거친 여자였습니다. 그 사실을 전혀 모르고 있던 배 좌수는 장화와 홍련을 불러 조용히 타일렀습니다.

"애들아, 이제부터는 새어머니 말씀을 잘 들어야 한다. 그것이 이 아비는 물론, 돌아가신 어머니한테도 효도하는 길이란다."

아직 어렸지만 생각이 깊었던 장화와 홍련은 고개를 끄덕이며 새어머니를 잘 모시겠다고 다짐했습니다. 하지만 허씨는 장화와 홍련을 쌀쌀맞게 대하며 정을 주지 않았습니다.

세월이 흘러 허씨가 장쇠라는 아들을 낳았습니다. 허씨는 아들을 낳은 뒤 사사건건 장화와 홍련을 괴롭히기 시작했습니다. 집안일을 돕는 하인들도 많았지만 허씨는 굳이 나이 어린 장화와 홍련을 불러 일을 시키곤 했습니다.

"홍련이는 물을 길어 오고, 장화는 빨래를 하거라."

그리고는 무슨 일을 하든지 매번 큰 소리로 핀잔을 주거나 꾸중을 하며 두 딸을 괴롭혔습니다.

"밥은 아직 안 지은 거니? 청소를 이렇게 해 놓으면 어떡하니?"

허씨가 호통을 칠 때면 장화와 홍련은 몸을 움츠릴 뿐 말 한마디도 하지 못했습니다.

하루는 이웃집 친구가 나비를 수놓는 모습이 부러웠던 장화와 홍련은 허씨에게 수놓는 방법을 알려 달라고 부탁했습니다. 하지만 허씨는 호통을 쳤습니다.

"수놓을 틈이 어디 있니? 너희들 설거지는 마치고 온 거니?"

아들이 태어나긴 했지만 배 좌수는 여전히 장화와 홍련을 끔찍이 아꼈습니다. 그날 밤도 배 좌수는 집에 오자마자 제일 먼저 딸들의 방으로 갔습니다. 그리고 눈물 자국이 번진 얼굴로 잠들어 있는 두 딸을 보았습니다. 물끄러미 그 모습을 보다 방에서 나온 배 좌수는 측은함을 억누를 수 없어 허씨에게 말했습니다.

"부인, 혹시나 장화와 홍련에게 꾸지람이라도 하였소? 어려서 어미를 잃은 불쌍한 아이들이니 서운하게 하지 마시오."

배 좌수의 말에 허씨는 시치미를 떼었지만 분한 마음이 들었습니다. 결국 허씨는 장화와 홍련을 없애기로 결심하고 계략을 꾸몄습니다.

며칠 뒤 허씨는 밤늦게 집으로 돌아온 배 좌수에게 조심스레 이야기를 꺼냈습니다.

"어휴 참, 기가 막혀서 어찌 말해야 하나? 글쎄, 장화가 참으로 망측스러운 일을 저질렀어요. 이 소문이 퍼지면 집안 망신이니 그전에 없애야 하지 않겠어요?"

허씨는 배 좌수에게 장화가 아기를 가졌다는 놀라운 이야기

를 했습니다. 결국 허씨의 속임수에 넘어간 배 좌수는 장화를 불러 말했습니다.

"장화는 지금 즉시 장쇠와 함께 외삼촌 댁으로 심부름을 다녀오너라."

한밤중에 외삼촌 댁으로 심부름을 가라는 아버지의 말씀에 장화는 어리둥절했지만 곧 외삼촌 댁으로 떠날 채비를 했습니다.

"급히 다녀오라고 하시니 지름길로 갑시다."

장쇠의 말에 아무런 의심도 하지 않은 장화는 어두운 산속 길로 발길을 옮겼습니다. 깊은 산속의 큰 연못가에 이르렀을 때 갑자기 장쇠가 장화를 물에 빠뜨리려고 했습니다.

"장쇠야, 왜 이러니?"

"나는 잘 몰라요. 하지만 누님이 집안을 망신시킬 큰 죄를 지었다고 아버지와 어머니가 누님을 이 연못에 빠뜨리라고 했어요."

장화는 그제야 억울한 누명을 썼다는 것을 깨달았습니다. 하지만 부모님의 결정을 따르기로 마음먹은 장화는 눈물을 흘리며 연못으로 뛰어내렸습니다.

한편 며칠이 지나도 장화가 돌아오지 않자 이상한 생각이 든 홍련이 허씨에게 물었습니다.

"언니에게 무슨 일이 생긴 게 아닐까요? 언니가 왜 안 돌아오는 걸까요?"

"장화는 외삼촌 댁에 심부름을 가지 않았니? 내가 어디 이상한 곳으로 보냈을까 봐 그러니?"

허씨는 전보다 더 홍련을 괴롭히며 사람들의 눈을 피해 매질을 했습니다.

# 허씨 부인은 죄가 있을까?

지금부터 사건번호 2014도209, 장화에게 억울한 누명을 씌운 뒤, 죽음에 이르게 한 허씨 부인에 대한 판결을 내리겠습니다.

## 1 참가자의 한마디 & 최후 진술

**피해자 홍련**: 새어머니는 언니와 저를 구박했고 급기야 언니를 모함해 죽게 만들었습니다.

**피고인 허씨 부인**: 저는 두 딸에게 살림을 가르쳤을 뿐이며 장화는 스스로 목숨을 끊었습니다.

### 유죄입니다 (검사)

존경하는 재판장님.
두 딸을 구박하고 장화를 죽도록 만든 허씨 부인을 아동학대죄와 자살교사죄로 엄벌에 처해 주십시오.

① 허씨 부인은 나이 어린 장화와 홍련에게 힘든 노동을 시키며 인간적인 대우를 하지 않았습니다.
② 허씨 부인은 장화를 죽이기 위해 아기를 가졌다는 억울한 누명을 씌웠습니다. 이 때문에 장화가 스스로 목숨을 끊었으니 허씨 부인에게 장화가 자살하도록 만든 책임을 지도록 해야 합니다.

### 무죄입니다 (변호사)

존경하는 재판장님.
허씨 부인에게는 도덕적인 책임만 있을 뿐 법적인 책임이 없습니다. 허씨 부인은 무죄입니다.

① 허씨 부인이 아이들과 정을 충분히 나누지 못한 것은 사실이지만 이것만 가지고 아동학대를 했다는 증거는 충분하지 않습니다.
② 비록 허씨 부인이 배 좌수에게 장화가 아기를 가졌다는 거짓말을 했지만 자살을 하도록 시킨 적은 없습니다.
③ 장화는 스스로의 결정으로 목숨을 버린 것입니다.

## 2 배심원의 판단

나는 허씨 부인이 ( 무죄, 유죄 )라고 생각합니다. 왜냐하면

# 3 현명한 판사의 판결

**아동복지법**
아이들이 제대로 클 수 있도록 여러 보육 내용을 보장하는 법으로, 노동 금지 등 금지 사항을 많이 담고 있어요. 형법에도 학대죄, 아동혹사죄 등 비슷한 법률이 있답니다.

**자살교사죄**
사람을 속이거나 괴롭혀서 스스로 목숨을 끊게끔 만드는 범죄예요.

피고인 허씨 부인의 말, 피해자 홍련의 말과 장화의 사체검안서 및 부검서, 장화와 홍련이 매일 힘든 노동과 매질에 시달렸다는 하인들의 증언, 장화를 없애야 한다는 허씨의 말을 직접 들었다는 배 좌수의 증언 등의 증거를 종합하면, 새어머니인 허씨 부인이 평소 장화와 홍련을 따뜻하게 보살피지 않았다는 사실과 배 좌수에게 거짓말을 해 결국 장화로 하여금 스스로 목숨을 끊도록 한 사실이 인정된다.

허씨 부인은 배 좌수 몰래 장화와 홍련에게 고된 노동을 시켰고, 적절한 교육을 제공하지 않았으며, 종종 심한 매질을 하였다. 「아동복지법」에 따르면 아동을 신체적 또는 정신적으로 학대 하는 행위는 아동학대죄에 해당하므로 허씨 부인은 그 책임이 있다.

한편 장화가 아기를 가졌다는 허씨 부인의 거짓말이 장화가 스스로 목숨을 버리는 데 직접적인 계기가 되었다는 사실과 허씨 부인이 배 좌수에게 장화를 없애야 한다고 지속적으로 요청한 사실 그리고 장쇠에게 장화를 죽이도록 시킨 사실에 비추어 허씨 부인은 자살교사죄가 충분히 인정된다.

따라서 「아동복지법」 제17조 및 제71조, 「형법」 제252조 및 제273조에 근거하여 아동학대죄와 자살교사죄를 범해 끝내 소중한 한 생명을 빼앗은 피고인 허씨 부인에게 현행법이 선고할 수 있는 최고형인 징역 15년을 선고한다.

## 관련 법률

「**아동복지법**」 **제17조(금지행위)** 누구든지 다음 각 호의 어느 하나에 해당하는 행위를 하여서는 아니된다. 3. 아동의 신체에 손상을 주는 학대행위 4. 아동에게 성적 수치심을 주는 성희롱·성폭력 등의 학대행위 5. 아동의 정신건강 및 발달에 해를 끼치는 정서적 학대행위 6. 자신의 보호·감독을 받는 아동을 유기하거나 의식주를 포함한 기본적 보호·양육·치료 및 교육을 소홀히 하는 방임행위

「**아동복지법**」 **제71조(벌칙)** ① 제17조를 위반한 자는 다음 각 호의 구분에 따라 처벌한다.
2. 제3호부터 제8호까지의 규정에 해당하는 행위를 한 자는 5년 이하의 징역 또는 3천만 원 이하의 벌금에 처한다.

「**형법**」 **제252조(촉탁, 승낙에 의한 살인 등)** ① 사람의 촉탁 또는 승낙을 받아 그를 살해한 자는 1년 이상 10년 이하의 징역에 처한다.
② 사람을 교사 또는 방조하여 자살하게 한 자도 전 항의 형과 같다.

「**형법**」 **제273조(학대)** ①자기의 보호 또는 감독을 받는 사람을 학대한 자는 2년 이하의 징역 또는 500만 원 이하의 벌금에 처한다.

흥부전
교과서 수록 작품

# 동생에게 유산을 나누어 주지 않은 놀부는 죄가 있을까?

지금부터 사건번호 2014도210의 모의재판을 시작하겠습니다. 놀부는 아버지에게 많은 재산을 물려받았음에도 동생인 흥부에게 한 푼도 주지 않았습니다. 심지어 놀부의 부인은 흥부를 때리기까지 했습니다. 이에 검사는 놀부와 놀부의 부인을 각각 횡령죄와 폭행죄로 기소했습니다. 배심원 여러분은 이 경우 어떠한 판결을 내리시겠습니까? 그러면 사건번호 2014도210의 올바른 판결을 위해 사건의 내용을 알아보도록 하겠습니다.

조선 땅, 운봉과 함양이 닿는 고을에 연생원이란 양반이 살고 있었습니다. 연생원에게는 두 아들이 있었는데 맏아들의 이름은 놀부요, 작은아들의 이름은 흥부였습니다. 두 아들은 같은 부모에게서 태어났지만 성품은 판이하게 달랐습니다.

형인 놀부는 심술궂고 성질이 사납기로 동네에 소문이 자자했습니다. 불난 집에 부채질하고, 초상집에서 춤추고, 똥 누는 놈 주저앉히고, 호박에 말뚝 박고, 옹기전에 돌팔매질까지……. 반면에 흥부는 세상없이 착해서 굶주린 사람에게는 밥을 덜어 주고, 헐벗은 사람에게는 옷을 벗어 주고, 길 잃은 아이는 집을 찾아 주고, 심지어는 돈도 안 받고 일을 해 줄

때도 있었습니다.

연생원이 세상을 떠나자 놀부는 아버지의 모든 재산을 혼자 차지했습니다. 그리고 흥부와 그 가족들은 아랫방 한 칸에서 겨우 살도록 했습니다.

"저 아랫방 식구들이 한 달에 얼마나 먹는지 아세요? 자그마치 쌀이 다섯 말에 보리쌀, 콩, 조, 옥수수……. 아휴, 말도 마세요."

놀부의 부인은 날마다 불평을 늘어놓았습니다. 놀부는 흥부가 눈엣가시처럼 거슬렸습니다. 이리저리 궁리한 끝에 놀부는 결국 흥부를 쫓아내기로 결심했습니다.

"무릇 형제는 각자 장가들어 가정을 이루면 분가해 사는 것이 떳떳한 법이다. 그러니 날이 밝는 대로 당장 처자식을 데리고 이 집에서 나가거라."

놀부의 말에 걱정이 된 흥부는 밤새 잠을 이루지 못했습니다.

이튿날 동이 트기가 무섭게 놀부는 마당에서 큰 소리로 외쳤습니다.

"어제저녁에 알아듣게 말했거늘, 아직도 나가지 않은 게냐?"

놀부의 호통에 흥부는 사정을 해 보았지만 놀부는 매몰차게 돌아섰습니다. 흥부 부부는 하는 수 없이 자는 아이들을 깨워 대문 밖으로 나섰습니다.

아이들과 정처 없이 걷던 흥부 부부는 산기슭에서 조그마한 움막을 발견했습니다. 바람이 불면 금방이라도 날아갈 듯이 허술했지만 흥부는 비라도 피하자는 마음으로 그곳에 살림을 풀었습니다. 다음 날부터 흥부는 뒷산의 자갈밭을 일구어 옥수수와 콩, 감자 등을 심었습니다. 그리고 아랫

마을과 윗마을을 오가며 열심히 품을 팔았습니다. 하지만 줄줄이 딸린 식구들의 먹을거리를 마련하는 일은 쉽지 않았습니다. 아이들은 입만 열면 배가 고프다며 음식 타령을 했습니다.

"어쩌면 좋아요? 하루 이틀도 아니고 애들 먹일 음식이 이리도 부족하니……. 마음이 아파서 어쩔 줄을 모르겠어요."

흥부의 부인이 눈물이 그렁그렁 맺힌 채로 안타깝게 말했습니다. 마음이 아픈 것은 흥부도 마찬가지였습니다. 하지만 아무리 생각해도 좋은 수가 떠오르지 않았습니다. 생각 끝에 흥부는 놀부를 다시 찾아갔습니다.

"형님, 어린 것들이 벌써 며칠째 굶고 있습니다. 잡곡이라도 좀 꾸어 주시면 제가 동냥을 해서라도 반드시 갚겠습니다."

아버지에게 물려받은 재산이 모두 제 것이라고 생각했던 놀부는 흥부에게 쌀 한 톨도 나눠 줄 마음이 없었습니다.

"본디 사람이란 제 먹을 것을 갖고 태어나는 법인데, 너는 어찌하여 나만 의지하려 드느냐?"

놀부가 버럭 화를 내고 쌩하니 방으로 들어가 버리자 흥부는 놀부의 부인을 찾아 부엌으로 들어갔습니다.

"형수님, 배가 고파 그러니 밥 한 술만 주십시오."

놀부 못지않게 심술 맞았던 놀부의 부인이 얼굴을 찡그리며 말했습니다.

"분가해서 나갔으면 알아서 먹고 살 일이지, 어째 여기서 밥 타령이오?"

놀부의 부인은 솥에서 밥을 푸다 말고 주걱으로 흥부의 뺨을

*철썩 때렸습니다.* 순간 눈에서 불이 번쩍 난 듯했지만 구수한 밥 냄새가 흥부의 코를 찔렀습니다. 흥부는 뺨에 붙은 밥풀을 떼어 먹으며 말했습니다.

"형수님, 아이들에게 밥풀이라도 구경 시켜 주게 이쪽 뺨도 때려 주세요."

결국 흥부는 모진 매를 맞고 쫓겨나고 말았습니다. 얼굴에 멍이 든 채 돌아오는 흥부를 보고 흥부의 부인이 깜짝 놀라 물었습니다.

"아니, 이게 무슨 일이오?"

"형님께서 배고픈 조카들이 마음에 걸린다며 양식을 싸 주셨는데 오다가 도적을 만나 모두 빼앗기고 이렇게 얼굴도 다쳤지 뭐요."

흥부는 부인이 속상해할까 봐 거짓말을 했습니다.

놀부의 도움을 받지 못한 흥부 부부는 끼니 걱정에 마음이 돌덩이처럼 무거워졌습니다. 게다가 흥부가 며칠이나 끙끙 앓는 바람에 품조차 팔지 못해 형편은 더욱 어려워졌습니다.

# 놀부와 놀부의 부인은 죄가 있을까?

지금부터 사건번호 2014도210, 아버지에게 물려받은 재산을 독차지한 놀부와 시동생을 때린 놀부의 부인에 대한 판결을 내리겠습니다.

## 1 참가자의 한마디 & 최후 진술

**피해자 흥부**: 형님이 도와주지 않으면 가족 모두 굶어 죽을지도 모릅니다.

### 유죄입니다 (검사)

존경하는 재판장님.
흥부의 재산까지 독차지한 놀부는 횡령죄로, 또 흥부의 뺨을 때린 놀부의 부인은 폭행죄로 처벌해야 합니다.

① 놀부는 아버지로부터 물려받은 재산을 혼자 차지했습니다. 이것은 상속법상 전체의 절반 가량인 흥부의 재산을 가로챈 것이므로 횡령죄에 해당합니다.

② 놀부의 부인은 시동생인 흥부를 아무런 이유도 없이 밥주걱으로 폭행했습니다. 놀부의 부인을 폭행죄로 처벌해야 합니다.

**피고인 놀부와 놀부부인**: 장가들어 가정을 꾸렸으면 가족들 끼니는 스스로 챙겨야지요.

### 무죄입니다 (변호사)

존경하는 재판장님.
놀부는 무죄이며 놀부의 부인은 더 이상 재판을 받을 이유가 없습니다.

① 놀부의 아버지는 놀부에게 집안의 모든 재산을 관리하도록 당부했습니다. 게다가 놀부는 몇 년간 흥부 가족을 데리고 살며 인정을 베풀었습니다. 따라서 놀부는 무죄이며, 만약 횡령죄가 성립한다 하더라도 집행유예를 받는 것이 마땅합니다.

② 놀부의 부인은 비록 흥부를 때렸지만 이미 흥부에게 정중히 사과한 뒤 합의를 보았으므로 재판을 받을 이유가 없습니다.

## 2 배심원의 판단

나는 놀부와 놀부의 부인이 ( 무죄, 유죄 )라고 생각합니다. 왜냐하면 _____

## 3 현명한 판사의 판결

**횡령죄**
자기의 이익을 위해 다른 사람의 재산을 빼돌리는 범죄예요. 예를 들면, 대표가 회사의 재산을 몰래 쓰는 경우 횡령죄로 처벌받지요.

**폭행죄**
다른 사람을 때리면 성립하는 범죄로, 사과를 하고 합의를 보면 처벌받지 않아요.

피고인 놀부와 놀부 부인의 말, 피해자 흥부의 말과 놀부의 기와집 및 흥부의 움막 사진들, 놀부의 부인이 흥부에게 사과를 하고 받은 합의서, 동네 사람들의 증언 등의 증거를 종합하면, 아버지인 연생원이 놀부와 흥부에게 재산을 명확히 나눠 주지 않고 갑자기 세상을 떠난 후, 놀부가 그 재산을 모두 독차지하고 흥부를 내쫓은 사실과 놀부의 부인에게 흥부가 폭행당한 사실이 인정된다.

본래 상속 재산은 뚜렷한 유언이 없으면 자식들끼리 서로 똑같이 공평하게 나눠 가져야 한다. 비록 놀부가 자신에게 전 재산을 부탁했다는 아버지의 유언이 있었다고 주장하나 아무런 증거가 없으므로 놀부와 흥부는 재산을 반씩 나눠 가져야 한다. 그러므로 흥부의 재산까지 모두 독차지한 놀부에게는 횡령죄가 성립한다. 비록 놀부가 초범이긴 하나 욕심이 지나쳐서 흥부는 물론, 다른 이웃들에게도 피해를 주는 버릇이 있으므로 실형을 피하기 어렵다.

한편 놀부의 부인은 밥을 얻으러 온 흥부에게 밥은 주지 않고 밥주걱으로 폭행을 했으므로 폭행죄가 성립될 수 있다. 그러나 폭행 후 흥부에게 정식으로 사과하고 합의를 보았으므로 더 이상 이 부분에 대하여 법이 재판하지 아니한다.

따라서 「형법」 제355조에 근거하여 횡령죄에 해당하는 놀부에게는 징역 1년의 실형을 선고하고 놀부 부인은 더 이상 재판을 받을 이유가 없다. 추가로, 흥부와 놀부는 법에 따른 정당한 상속분을 소유하는 것이 타당하므로 놀부는 「민법」 제1009조 및 제999조에 따라 전 재산의 절반을 흥부에게 주어야 한다.

유죄(놀부)    공소기각(놀부 부인)

### 관련 법률

「형법」 제355조(횡령, 배임) ① 타인의 재물을 보관하는 자가 그 재물을 횡령하거나 그 반환을 거부한 때에는 5년 이하의 징역 또는 1천500만 원 이하의 벌금에 처한다.
「민법」 제1009조(법정상속분) ① 동순위의 상속인이 수인인 때에는 그 상속분은 균분으로 한다.
「민법」 제999조(상속회복청구권) ① 상속권이 참칭상속권자로 인하여 침해된 때에는 상속권자 또는 그 법정대리인은 상속회복의 소를 제기할 수 있다.

# 콩쥐를 죽인 뒤 콩쥐 행세를 한 팥쥐는 죄가 있을까?

지금부터 사건번호 2014도211의 모의재판을 시작하겠습니다. 팥쥐는 자신의 엄마와 더불어 콩쥐를 괴롭히고 죽음에 이르게 한 것도 모자라 콩쥐의 행세까지 했습니다. 이에 검사는 팥쥐를 살인죄와 명예훼손죄로 기소했습니다. 배심원 여러분은 이 경우 어떠한 판결을 내리시겠습니까? 그러면 사건번호 2014도211의 올바른 판결을 위해 사건의 내용을 알아보도록 하겠습니다.

**콩쥐는** 예닐곱 살 되었을 무렵 어머니를 잃었습니다. 콩쥐의 아버지는 혼자서 살림하며 애도 키우려니 힘이 들어 부인을 새로 얻었습니다. 콩쥐의 새어머니는 심성이 곱지 않은 여자였습니다. 자신이 데리고 온 팥쥐라는 딸만 예뻐하고 콩쥐는 구박했습니다.

"농촌에 살면서 농사일을 모르는 것은 부끄러운 일이다. 그러니 콩쥐랑 팥쥐 모두 밭에 나가 김을 매고 오너라."

팥쥐 어멈은 콩쥐에게는 나무 호미를 주면서 돌밭을 매게 하고, 팥쥐에게는 쇠 호미를 주면서 모래밭을 매게 했습니다. 콩쥐가 채 한 고랑도 매지 못했을 때 콩쥐의 나무 호미가 부러지고 말았습니다.

'이 일을 어쩌면 좋아!'

눈앞이 캄캄해진 콩쥐가 밭에 주저앉아 엉엉 울자, 검은 소 한 마리가 하늘에서 내려오더니 돌밭의 김을 모두 매 주었습니다.

얼마 후 건넛마을에서 큰 잔치가 열렸습니다. 팥쥐 어멈과 팥쥐는 예쁘게 차려입고 잔치에 갈 준비를 했습니다. 잔치에 함께 가고 싶었던 콩쥐가 물었습니다.

"어머니, 저도 잔치에 데려가시면 안 되나요?"

콩쥐의 말에 팥쥐 어멈은 이렇게 말했습니다.

"그래, 너도 당연히 가야지. 아흔 아홉 칸 되는 집안을 모두 청소하고, 아홉 개 아궁이의 재를 다 털고, 마당에 널어 놓은 벼 닷 섬까지 모두 찧어 놓은 뒤, 뒷마당에 있는 독에 물을 다 채우거든 잔치에 오너라."

콩쥐는 집 아흔 아홉 칸을 모두 청소하고, 아홉 개 아궁이의 재를 다 털어 내었습니다. 아침부터 쉬지 않고 일했지만 마당에는 아직도 벼가 한가득이었습니다.

"어쩌면 좋아. 이렇게 많은 벼를 언제 다 찧지?"

콩쥐가 마당에 쌓인 벼를 막막하게 바라보고 있을 때였습니다. 갑자기 참새 수백 마리가 마당으로 내려왔습니다. 콩쥐는 깜짝 놀라 참새 떼를 쫓았지만, 사실 참새들은 콩쥐를 도와주기 위해 온 것이었습니다. 참새들은 닷 섬이나 되는 벼의 껍질을 순식간에 까 놓았습니다.

마지막으로 콩쥐는 뒷마당의 독을 채우기 위해 물을 길어 왔습니다. 하지만 어찌된 영문인지 아무리 물을 부어도 물은 차오르지 않았습니다. 콩쥐가 살펴보니 독 바닥에 구멍이 나 있었습니다.

"흑흑, 어쩌면 좋아. 독을 채우지 못하면 잔치에 갈 수 없는데……."

그때 어디선가 갑자기 두꺼비가 나타나더니 독 안으로 들어갔습니다. 그러고는 자신의 몸으로 구멍을 막았습니다. 콩쥐는 두꺼비 덕분에 독을 다 채울 수 있었습니다. 하지만 콩쥐는 잔치에 갈 수가 없었습니다.

"일은 마쳤지만 잔치에 입고 갈 옷이 없네."

콩쥐가 한숨을 푹 쉬자 하늘에서 암소가 내려와 예쁜 옷과 꽃신을 건넸습니다. 암소가 준 비단옷에 꽃신으로 차려입은 콩쥐를 보고 잔치에 모인 사람들이 꼭 선녀 같다며 칭찬을 했습니다. 그 모습을 본 팥쥐 어멈과 팥쥐는 콩쥐를 꼬집고 때리며 어서 집으로 가라고 내쫓았습니다. 콩쥐는 눈물 바람으로 쫓겨나느라 꽃신 한 짝이 벗겨진 줄도 모르고 집으로 돌아왔습니다. 때마침 길을 지나던 원님이 꽃신 한 짝을 발견했습니다.

"이 고운 꽃신의 임자는 누구일까? 반드시 찾아내 아내로 삼아야겠다."

원님은 집집마다 꽃신을 들고 다니며 꽃신의 주인을 찾았습니다. 이윽고 콩쥐네 집에도 원님이 찾아왔습니다. 팥쥐 어멈과 팥쥐가 먼저 꽃신을 신어 보았지만 맞지 않았습니다. 그때 부엌에서 일하고 있던 콩쥐의 모습이 원님의 눈에 띄었습니다.

"저기 부엌에서 일하는 처녀도 와서 신어 보게 하시오."

팥쥐 어멈의 만류에도 원님은 기어코 콩쥐에게 꽃신을 신겼습니다. 콩쥐는 꽃신에 발을 쏙 집어넣었습니다. 그리고 가지고 있던 나머지 한 짝도 꺼내 신었습니다. 드디어 꽃신의 임자를 찾은 원님은 예쁘고 마음씨 고운 콩쥐와 혼인을 올리고 행복하게 살았습니다.

팥쥐는 아무리 생각해도 배가 아팠습니다. 그래서 콩쥐를 찾아가 오랜만에 같이 목욕이나 하자며 콩쥐를 연못으로 데리고 갔습니다. 연못에 도착하자 팥쥐는 콩쥐를 와락 밀어 물속에 빠지게 했습니다. 연못에 빠진 콩쥐는 결국 죽고 말았습니다.

팥쥐는 콩쥐의 옷을 입고 어둑어둑해질 무렵, 외출에서 돌아온 원님을 맞이했습니다.

"부인, 오늘따라 얼굴이 달라 보이는구려."

원님의 말에 팥쥐가 대답했습니다.

"종일 밖에서 서방님을 기다렸더니 햇볕에 그을렸나 봅니다."

원님은 이상하다고 생각했지만 자신을 기다렸다는 팥쥐의 말에 깜빡 속고 말았답니다. 다음 날에도 팥쥐는 떳떳하게 콩쥐인 척 행세하며 돌아다녔습니다.

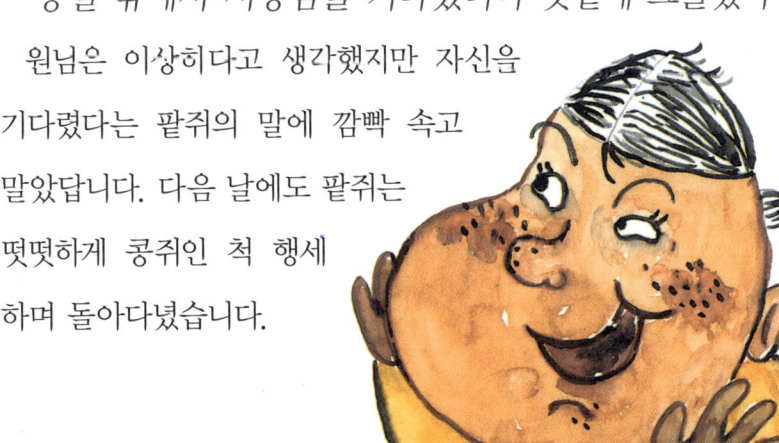

## 팥쥐에게 죄가 있을까?

지금부터 사건번호 2014도211, 연못에서 콩쥐를 밀어 죽인 뒤 콩쥐인 척 행세를 한 팥쥐에 대한 판결을 내리겠습니다.

### 1 참가자의 한마디 & 최후 진술

피해자 **원님**: 제 아내를 죽인 팥쥐를 엄벌에 처해 주십시오.

#### 유죄입니다 (검사)

존경하는 재판장님.
한 사람의 소중한 생명과 한 가정의 행복을 깨뜨린 팥쥐를 살인죄와 명예훼손죄로 엄벌에 처해 주십시오.

① 팥쥐는 콩쥐를 찾아가 함께 목욕을 하자며 연못으로 유인한 뒤 아무 의심 없이 따라온 콩쥐를 연못으로 밀었습니다. 팥쥐의 행동은 살인죄에 해당합니다.
② 콩쥐인 것처럼 행세하며 못생긴 외모로 예쁜 콩쥐의 명예를 떨어뜨린 팥쥐의 행동은 명예훼손죄에 해당합니다.

피고인 **팥쥐**: 콩쥐는 발을 헛디뎌 연못에 빠진 것입니다.

#### 무죄입니다 (변호사)

존경하는 재판장님.
팥쥐가 콩쥐를 죽였다는 주장은 증거가 불충분하니 무죄입니다.

① 팥쥐가 콩쥐를 연못으로 밀었다는 증거가 없습니다. 당시 두 사람이 함께 있었던 것은 사실이지만 팥쥐는 아무런 행동도 하지 않았습니다. 콩쥐는 발을 헛디뎌 스스로 물에 빠진 것입니다.
② 팥쥐는 콩쥐의 남편인 원님 앞에서 콩쥐인 척하긴 했지만, 팥쥐의 미모와 콩쥐의 미모는 서로 비슷한 수준이기 때문에 콩쥐의 명예를 훼손했다고 보기는 어렵습니다.

### 2 배심원의 판단

나는 팥쥐가 ( 무죄, 유죄 )라고 생각합니다. 왜냐하면 _____

## 3 현명한 판사의 판결

**살인죄**
사람을 살해하는 범죄를 말해요.

**명예훼손죄**
다른 사람의 명예(위신, 체면)를 깎으려고 비난하는 말을 하면 성립하는 범죄로, 팥쥐의 행동처럼 못생긴 사람이 잘생긴 사람인 척 속여도 명예훼손이 된답니다.

> 피고인 팥쥐의 말, 피해자 원님의 말과 콩쥐가 연못에 빠졌을 때 함께 있었다는 팥쥐의 진술서, 평소 팥쥐가 콩쥐를 시샘했다는 주변 사람들의 증언, 연못 주변의 CCTV 동영상, 콩쥐의 미모가 팥쥐와 비교할 수 없을 만큼 뛰어났다는 고을 사람들의 증언 등의 증거를 종합하면, 평소 자신이 괄시하던 콩쥐가 원님한테 시집을 가자 열등감에 휩싸인 팥쥐가 콩쥐를 연못에 빠뜨리고 원님에게 자신이 콩쥐인 척한 사실이 인정된다.
>
> 팥쥐는 콩쥐가 스스로 물에 빠졌다고 주장하고 있으나 증거로 제출된 CCTV 동영상을 보면 팥쥐가 콩쥐를 연못에 밀어 넣는 장면을 확인할 수 있다. 아무런 보호 장치도 없는 콩쥐를 깊은 연못으로 민 팥쥐의 행동은 일부러 콩쥐를 죽이기 위한 것이었음이 인정된다.
>
> 또한 콩쥐에 비해 외모가 떨어지는 팥쥐가 공공연히 자신을 콩쥐라고 속인 것은 아름답다고 명성이 자자한 콩쥐의 명예를 공공연하게 대단히 훼손한 행동이라고 판단된다.
>
> 따라서 「형법」 제250조 및 제307조에 근거하여 콩쥐를 죽음에 이르게 하고 명예를 훼손한 피고인 팥쥐를 징역 25년의 중형에 처한다. 추가로 팥쥐는 민사적으로도 콩쥐의 명예를 조속히 회복시킬 의무가 있으며, 「민법」 제752조에 따라 콩쥐의 남편인 원님에게 위자료(위로금) 1억 원을 지급해야 한다.

### 관련 법률

「형법」 제250조(살인, 존속살해) ① 사람을 살해한 자는 사형, 무기 또는 5년 이상의 징역에 처한다.

「형법」 제307조(명예훼손) ① 공연히 사실을 적시하여 사람의 명예를 훼손한 자는 2년 이하의 징역이나 금고 또는 500만 원 이하의 벌금에 처한다.

「민법」 제752조(생명침해로 인한 위자료) 타인의 생명을 해한 자는 피해자의 직계존속, 직계비속 및 배우자에 대하여는 재산상의 손해가 없는 경우에도 손해배상의 책임이 있다.

# 진짜 옹고집 행세를 한 가짜 옹고집은 죄가 있을까?

지금부터 사건번호 2014도212의 모의재판을 시작하겠습니다. 어느 날 옹고집과 똑같이 생긴 가짜 옹고집이 나타나 자신을 진짜 옹고집이라고 주장했습니다. 두 옹고집이 얼마나 똑같은지 관아에서도 판결을 내리기 어려울 정도였습니다. 이에 검사는 가짜 옹고집을 무고죄와 주거침입죄로 기소했습니다. 배심원 여러분은 이 경우 어떠한 판결을 내리시겠습니까? 그러면 사건 2014도212의 올바른 판결을 위해 사건의 내용을 알아보도록 하겠습니다.

옹달우물과 옹연못이 있는 옹당촌에 성미가 고약하고 심술궂은 한 사람이 살았는데 성은 옹이요, 이름은 고집이었습니다. 옹고집은 남이 잘되는 것을 배 아파하고, 모든 일을 자기 고집대로 했습니다. 게다가 남부럽지 않은 부자였음에도 불구하고 돈을 쓰는 데는 아주 인색했습니다. 얼마나 구두쇠인지 앓아누운 어머니를 차가운 골방에 눕혀 놓고 약 한 첩도 사 주지 않을 정도였습니다.

어느 날 월출봉 취암사의 학대사가 옹고집의 집을 찾아왔습니다.

"나무아미타불 관세음보살, 우리 법당이 낡아 새로 짓고자 하오니 1천 냥만 시주하여 주옵소서."

학대사의 염불 소리에 옹고집은 눈을 부라리며 악을 썼습니다.

"괘씸한 중놈아, 여기가 어디라고 시주를 구하느냐? 돌쇠야, 깡쇠야! 저 중놈을 당장 묶어 볼기를 매우 쳐라."

학대사는 옹고집에게 호되게 당하고 쫓겨났습니다. 사실 학대사는 도술이 높기로 이름난 스님이었습니다.

'옹고집을 부처님의 제자로 만들기 위해서라도 저 못된 심보를 고쳐 주어야겠구나.'

학대사는 짚 한 단을 구해 허수아비를 만들었습니다. 그리고 허수아비를 향해 중얼중얼 주문을 외우니 갑자기 허수아비가 움직이기 시작했습니다. 그런데 말상에 주걱턱이 꼭 옹고집과 닮은 모양새였습니다.

가짜 옹고집은 다짜고짜 사랑채 문을 열며 큰 소리로 외쳤습니다.

"늙은 종 돌쇠야, 젊은 종 깡쇠야! 어찌 이리 게으름을 피우느냐? 어서 말한테 콩을 주고, 소한테 여물을 주어라."

그때 진짜 옹고집이 들어서다가 가짜 옹고집을 보고는 깜짝 놀랐습니다.

"그대는 누구인데 허락도 없이 남의 집에 들어와 주인 노릇을 하는가?"

진짜 옹고집과 가짜 옹고집의 꼭 닮은 모습에 달려 나온 종들이 어리둥절힌 표정을 지으며 둘의 얼굴을 살폈습니다.

"뭣들 하느냐? 저놈을 끌어내지 않고!"

둘은 목소리마저 같아서 도저히 진짜를 가려낼 수가 없었습니다. 옹고집이 두 명이라는 소식에 옹고집의 부인은 한 가지 꾀를 내었습니다.

"우리 어르신은 새로 좌수가 된 후 도포를 성급히 벗다가 불똥이 떨어져 도포 안자락에 구멍이 났단다. 도포를 확인해 보아라."

행랑어멈이 사랑채에 앉은 두 옹고집의 옷을 살폈습니다. 그런데 두 도포 모두 구멍이 나 있었습니다. 그러자 옹고집의 며느리가 나섰습니다.

"우리 아버님은 정수리에 있는 금 가운데에 흰 머리카락이 있습니다."

진짜 옹고집이 얼른 며느리에게 정수리를 보여 주었습니다. 과연 흰 머리카락이 있었습니다. 그러자 가짜 옹고집도 머리를 풀고 정수리를 들이밀었습니다. 거기에도 흰 머리카락이 있었습니다. 며느리가 난감해하며 다시 자세히 살펴보았습니다. 그런데 어느샌가 진짜 옹고집의 흰 머리카락이 감쪽같이 사라지고 없었습니다.

"이분이 진짜 시아버님입니다."

며느리가 가짜 옹고집의 편을 들자 진짜 옹고집은 가슴을 치며 답답해했습니다. 소식을 듣고 달려온 옹고집의 아들과 옹고집의 친구인 김별감도 진짜를 구분하지 못하는 것은 마찬가지였습니다.

결국 두 옹고집은 삿대질을 하고 목에 핏대를 세우며 싸우다가 관가의 원님에게로 갔습니다. 원님은 나란히 선 두 옹고집을 보며 귀신이 곡할 노릇이라고 생각했습니다.

"괴이한 일이로다. 여봐라, 각기 집안 사정을 말해 보거라."

원님의 말에 진짜 옹고집이 웅얼거리며 대답했습니다.

"저의 아버님은 옹송이옵고, 할아버님은 만송이옵고……."

원님이 답답해하며 말을 가로막으려는데 가짜 옹고집이 말했습니다.

"저는 작년에 좌수 벼슬을 얻은 옹고집인데, 아내는 전주 최씨요, 아들은 옹골입니다. 하인은 전부 5명이고, 재산은 논밭의 곡식을 합하여 2천 1백 석이며, 말이 6필, 돼지가 22마리, 닭이 60마리에 그 외에 금반지 은가락지, 비단, 명주 등을 가지고 있습니다. 저놈이 제 재산이 탐나서 거짓으로 제 흉내를 내는 게 틀림없습니다."

이미 옹고집의 욕심을 잘 알고 있던 원님은 가짜 옹고집의 손을 덥석 잡았습니다.

"그대가 진짜 옹고집이 틀림없구나. 자, 그대는 돌아가도 좋다. 여봐라, 남은 한 놈은 형틀에 묶고 곤장으로 매우 쳐라!"

가짜 옹고집이 웃으며 돌아가는 동안 진짜 옹고집은 곤장을 맞으면서 억울함에 눈물을 흘렸습니다.

## 가짜 옹고집에게 죄가 있을까?

지금부터 사건번호 2014도212, 자신이 진짜 옹고집이라고 주장한 가짜 옹고집에 대한 판결을 내리겠습니다.

### 1 참가자의 한마디 & 최후 진술

**피해자 진짜 옹고집**: 하마터면 저 가짜 옹고집에게 제 재산과 가족을 송두리째 빼앗길 뻔했습니다.

**피고인 가짜 옹고집**: 저는 그저 학대사님의 명령에 따라 움직였을 뿐입니다.

#### 유죄입니다 (검사)

존경하는 재판장님.
가정의 다툼을 넘어 국가의 기강을 문란하게 한 가짜 옹고집을 무고죄와 주거침입죄로 처벌해 주십시오.

① 가짜 옹고집은 자신이 진짜 옹고집이라고 주장하며 진짜 옹고집이 처벌을 받게끔 했습니다. 이것은 무고죄에 해당됩니다.
② 진짜 옹고집의 집에 함부로 들어가 주인 행세를 하며 소란을 피운 가짜 옹고집의 행동은 주거침입죄에 해당됩니다.

#### 무죄입니다 (변호사)

존경하는 재판장님.
가짜 옹고집은 학대사의 명령대로 움직인 것일 뿐, 진짜 옹고집을 처벌받게 하려는 의도가 없었으므로 무죄입니다.

① 가짜 옹고집은 진짜 옹고집의 못된 심보를 고치기 위해 잠시 집에 들어간 것이므로 주거침입죄가 아닙니다.
② 진짜 옹고집을 처벌해 달라며 원님에게 직접 고소하지 않았으므로 무고죄가 아닙니다.
③ 본래 짚으로 만든 허수아비로, 학대사의 명령대로 할 수밖에 없었던 가짜 옹고집의 상황을 선처해 주시기 바랍니다.

### 2 배심원의 판단

나는 가짜 옹고집이 ( 무죄 , 유죄 )라고 생각합니다. 왜냐하면 _____

## 3 현명한 판사의 판결

피고인 가짜 옹고집의 말, 피해자 진짜 옹고집의 말과 며느리의 증언, 돌쇠와 깡쇠의 증언, 고을 원님의 곤장 명령서, 진짜와 가짜를 도저히 구분할 수 없었다는 주변 사람들의 진술서 등의 증거를 종합하면, 진짜 옹고집과 똑같이 만들어진 허수아비인 가짜 옹고집이 학대사의 명령으로 옹고집의 집에 들어가 진짜 옹고집과 다퉜다는 사실과 관아에 가서 진짜 옹고집을 처벌받게 만든 사실이 인정된다.

가짜 옹고집은 진짜 옹고집의 집에 함부로 들어가 주거의 평온을 해쳤으므로 주거침입죄가 성립한다. 또 관아에 가서 자신이 진짜 옹고집이라고 거짓을 고해 진짜 옹고집을 처벌받도록 했으므로 무고죄 역시 성립한다.

그러나 가짜 옹고집은 본래 지푸라기로 만든 허수아비로, 모든 행동은 학대사의 명령에 따른 것이었다. 학대사의 죄를 묻는 것은 따로 논의하더라도, 가짜 옹고집의 행동은 심신장애로 인해 의사를 결정할 수 있는 능력이 없거나 강요된 행위 때문에 저지른 것이므로 그 책임을 물을 수 없다.

따라서 「형법」 제156조 및 제319조에 근거하여 피고인 가짜 옹고집에게 공소제기된 무고죄와 주거침입죄는 모두 성립하나 사실상 책임무능력자인 허수아비이므로 「형법」 제9조와 제10조에 근거하여 무죄를 선고한다. 더불어 진짜 옹고집은 앞으로 마음을 고쳐먹고 착하게 살기를 바라는 바이다.

**무고죄**
거짓으로 다른 사람을 모함해서 형사처벌을 받도록 했을 때 성립하는 범죄예요.

**주거침입죄**
다른 사람의 주거에 허락 없이 들어가서 주거의 평온을 해치는 범죄예요. 대법원 판례에서는 얼굴만 들이민 것도 주거침입죄로 인정한 사례가 있어요.

**책임무능력자**
나이가 만 14세보다 어리거나 강요를 받았거나 사리판단을 못하는 책임무능력자의 경우에는 아무리 범죄 행위처럼 보인다고 하더라도 죄에 따른 법적 책임을 지지 않아요.

「형법」
제156조(무고) 타인으로 하여금 형사처분 또는 징계처분을 받게 할 목적으로 공무소 또는 공무원에 대하여 허위의 사실을 신고한 자는 10년 이하의 징역 또는 1천 500만 원 이하의 벌금에 처한다.
제319조(주거침입) ① 사람의 주거, 관리하는 건조물, 선박이나 항공기 또는 점유하는 방실에 침입한 자는 3년 이하의 징역 또는 500만 원 이하의 벌금에 처한다.
제9조(형사미성년자) 14세되지 아니한 자의 행위는 벌하지 아니한다.
제10조(심신장애자) ① 심신장애로 인하여 사물을 변별할 능력이 없거나 의사를 결정할 능력이 없는 자의 행위는 벌하지 아니한다.
② 심신장애로 인하여 전항의 능력이 미약한 자의 행위는 형을 감경한다.
③ 위험의 발생을 예견하고 자의로 심신장애를 야기한 자의 행위에는 전2항의 규정을 적용하지 아니한다.

# 구운몽

## 스님으로서 선녀들에게 짓궂은 농담을 한 성진은 죄가 있을까?

지금부터 사건번호 2014도213의 모의재판을 시작하겠습니다. 성진은 스승의 심부름을 다녀오는 길에 8명의 선녀를 만났습니다. 여덟 선녀의 아름다움에 반한 성진은 스승의 엄한 가르침을 잊고 함부로 도술을 부리며 선녀들에게 짓궂은 농담을 던졌습니다. 이에 검사는 강제추행죄와 강요죄로 성진을 기소했습니다. 배심원 여러분은 이 경우 어떠한 판결을 내리시겠습니까? 그러면 사건번호 2014도213의 올바른 판결을 위해 사건의 내용을 알아보도록 하겠습니다.

중국 남쪽에 위치한 형산에는 일흔 개가 넘는 봉우리가 있는데 그 봉우리들은 구름을 뚫고 솟을 정도로 높고 험했습니다. 그리고 산 한편에는 동정호 호수가 잇닿아 있었습니다.

형산의 수많은 봉우리 가운데에는 연꽃의 모양을 한 연화봉도 있었습니다. 연화봉 기슭에는 육관대사라는 스님이 살고 있었는데 가르침이 깊어 따르는 제자가 많았습니다. 성진도 육관대사의 제자 중 하나였습니다.

스무 살의 성진은 수려한 용모에, 수련으로 닦은 티 없이 맑은 마음을 가진 청년이었습니다. 육관대사는 자신의 가르침을 잘 이해하는 영리한 성진을 평소 눈여겨보았습니다. 자신의 후계자로 생각했기 때문입니다.

어느 날 육관대사가 성진을 불러 심부름을 시켰습니다.

"동정호 용왕이 자주 찾아와 부처님의 가르침을 들으니 참으로 고마운 일이다. 그러니 네가 용궁에 가서 감사의 인사를 전해 드리고 오너라."

성진은 곧바로 길을 나서 동정호로 갔습니다. 호숫가에는 아무런 배도 없었지만 성진은 조금도 당황하지 않고 가만히 손을 들어 물을 가리켰습니다. 그러자 물이 양쪽으로 갈라지며 길이 생겼고, 성진은 물 사이로 성큼성큼 걸어 용궁으로 들어갔습니다.

수정과 비취로 아름답게 장식된 용궁에서는 마침 큰 잔치가 벌어지고 있던 중이었습니다. 갖가지 해산물로 만든 진귀한 음식 앞에 성진은 눈이 휘둥그레졌습니다. 용왕은 성진을 반갑게 맞이하며 술을 권했습니다.

"자, 한번 맛보세요."

성진은 깜짝 놀라서 손사래를 쳤습니다.

"부처님의 가르침을 배우는 입장이라 술은 마실 수 없습니다."

그러자 용왕이 껄껄 웃으며 말했습니다.

"부처님의 제자들이 술을 마실 수 없다는 것은 저도 잘 알고 있지요. 하지만 이 술은 바깥세상의 술과 달리 마음을 깨끗하게 씻어 준답니다."

용왕이 자꾸만 술잔을 내미는 바람에 성진은 마지못해 술을 마셨습니다. 입안에 짜릿한 술기운이 퍼지자 기분이 좋아진 성진은 몇 잔을 더 받아 마셨습니다.

이윽고 잔치가 끝나자 성진은 연화봉으로 돌아갈 채비를 했습니다.

'이대로 돌아가면 스승님께 꾸중을 들을 거야. 잠시 연못가에서 정신을 차려야겠다.'

성진이 연못물로 얼굴을 씻고 있는데 갑자기 어디선가 향내가 풍겨 왔습니다. 향내를 따라가던 성진은 순간 딱 멈춰 서 버렸습니다. 화사한 날개옷을 입은 8명의 선녀를 보았기 때문입니다. 다리 위에서 옥구슬같이 낭랑한 목소리로 웃는 선녀들의 모습은 이루 말할 수 없이 아름다웠습니다. 선녀들의 아름다움에 넋을 잃고 쳐다보던 성진은 자기도 모르게 옷매무새를 가다듬고 여덟 선녀를 향해 걸어갔습니다. 그리고 두 손을 모아 공손하게 인사를 했습니다.

"저는 연화봉 육관대사의 제자 성진이라 합니다. 동정호 용왕님을 뵙고 절로 돌아가는 길이었지요. 뜻밖에 어여쁜 선녀님들이 다리를 차지하고 계시니 연꽃 같은 발걸음을 사뿐히 옮겨서 길을 내주셨으면 합니다."

성진은 선녀들에게 은근한 미소를 건넸습니다. 그러자 한 선녀가 눈을 찡긋하며 성진에게 장난을 걸었습니다.

"이 다리는 이미 우리가 차지했으니, 스님은 다른 길을 알아보시지요."

"이제 보니 길 값을 받으려는 거군요. 이것이면 되겠소?"

성진도 그에 화답하며 복숭아꽃 가지를 하나 꺾어서 선녀들을 향해 던졌습니다. 가지에서 꽃잎들이 떨어지면서 옥구슬로 변했습니다. 여덟 선녀들은 구슬을 하나씩 줍더니 성진에게 어여쁜 미소를 보냈습니다.

"어머나, 예쁜 구슬이네."

선녀들이 하얀 손으로 구슬을 만지며 좋아하자 성진은 뿌듯했습니다.

"구슬이 아무리 예뻐도 선녀님들보다 더 아름답겠습니까? 선녀님들이야말로 웃는 얼굴에서 빛이 납니다."

성진의 말을 들은 선녀들은 손으로 입을 가리며 호호 웃었습니다. 성진은 선녀들의 마음을 얻기 위해 여러 가지 도술을 부리며 시선을 모았습니다. 평소 도술을 함부로 쓰지 말라던 육관대사의 가르침을 어겼다는 사실조차 깨닫지 못하고 성진은 여덟 선녀의 환한 미소에 빠져 있었습니다.

"이제 헤어져야겠군요. 하늘로 올라가 봐야 해서요."

여덟 선녀들이 인사를 하자 성진은 좀 더 놀자며 선녀들을 졸랐습니다. 그러더니 떠날 채비를 하는 선녀들에게 다가가 농담을 던졌습니다.

"구름 선녀님, 얼굴이 정말 예쁘시네요. 달빛 선녀님, 제가 손 한번 잡아 봐도 될까요?"

선녀들은 짓궂은 농담을 하는 성진 때문에 조금씩 불쾌해졌습니다.

# 성진은 죄가 있을까?

지금부터 사건번호 2014도213, 우연히 만난 여덟 선녀들을 희롱한 성진에 대한 판결을 내리겠습니다.

## 1 참가자의 한마디 & 최후 진술

**피해자 여덟 선녀**: 성진은 저희를 놀리며 불쾌하게 만들었습니다.

**피고인 성진**: 저는 그저 여덟 선녀들과 재미있게 놀았을 뿐입니다.

### 유죄입니다 (검사)

존경하는 재판장님.
성진은 도를 닦는 사람으로서 욕망을 절제해야 함에도 불구하고 여덟 선녀를 희롱했으니 강제추행죄와 강요죄로 처벌해야 합니다.

1. 성진은 선녀들에게 지속적으로 성적인 농담을 건네고 손을 만지려 하는 등 강제추행죄를 저질렀습니다.
2. 하늘로 올라갈 시간이라며 그만 놀자는 선녀들에게 좀 더 놀자고 조르며 괴롭힌 행동은 강요죄에 해당합니다.

### 무죄입니다 (변호사)

존경하는 재판장님.
성진이 비록 도를 닦는 수행자의 길은 벗어났을지언정 형사처벌을 받을 만한 행동은 하지 않았습니다.

1. 성진이 선녀들에게 성적인 농담을 건네면서 추근거린 것은 사실이지만, 강제로 선녀들을 만진 적은 없으므로 강제추행죄는 성립하지 않습니다.
2. 강요죄는 상대방에게 강제로 무슨 일을 하거나 하지 못하게 했을 때 해당하는 죄인데 성진은 선녀들에게 강압적인 행동을 하지 않았으므로 이에 해당되지 않습니다.

## 2 배심원의 판단

나는 성진이 ( 무죄 , 유죄 )라고 생각합니다. 왜냐하면 _____

## 3. 현명한 판사의 판결

**강제추행죄**
다른 사람의 몸을 강제로 만지는 범죄예요. 싫다는 의사를 알 수 있었는데도 몸을 만지면서 억지를 부리거나 힘을 쓰면 범죄가 된답니다.

**성희롱**
성희롱은 범죄라고 보기에는 약간 부족한 성적인 접근이에요. 하지만 국가인권위원회 등에서는 성희롱을 엄연한 금지 사항으로 다루며 시정하도록 하고 있어요.

　피고인 성진의 말, 피해자 여덟 선녀의 말과 심부름을 보냈다는 육관대사의 사실확인서, 연못가에 위치한 다리에서 희롱 장면을 찍은 현장사진 등의 증거를 종합하면, 성진은 수도자로서 엄연히 금욕해야 함에도 불구하고 여덟 선녀에게 성적인 농담을 하며 같이 놀자고 계속 졸라댄 사실 인정된다.

　「형법」 제298조의 강제추행죄는 여성을 강제로 만지는 행동으로, 성적인 수치심을 느끼도록 하는 범죄인데 성진은 농담과 희롱만 했을 뿐 강제로 여덟 선녀를 만진 사실이 없으므로 강제추행 사실은 없다고 보인다. 강요죄의 경우도 여덟 선녀에게 더 놀자고 조른 것만으로는 강요 행위가 있었다고 보기 어렵다.

　다만, 여덟 선녀가 성진을 제지했음에도 불구하고 성진이 계속해서 성적인 농담을 해서 선녀들의 심기를 불편하게 만든 점은 민사상 불법행위인 성적 희롱이라고 볼 여지가 있다.

　**따라서 성진에 대한 모든 범죄가 무죄이므로 형사처벌은 하지 않으나, 성진의 행동은 단순한 농담에서 벗어난 성희롱 행위라고 볼 수도 있으므로 민사상 위자료를 지급할 것을 명한다. 성진은 「민법」 제751조에 따라 선녀 1명당 2천만 원씩 계산하여 총 1억 6천만 원의 위자료를 지급하고, 수도자로서 스스로의 행동을 반성하고 수행에 정진할 것을 명하는 바이다.**

「**형법**」 **제298조(강제추행)** 폭행 또는 협박으로 사람에 대하여 추행을 한 자는 10년 이하의 징역 또는 1천 500만 원 이하의 벌금에 처한다.
「**민법**」 **제751조(재산이외의 손해의 배상)** ① 타인의 신체, 자유 또는 명예를 해하거나 기타 정신상 고통을 가한 자는 재산이외의 손해에 대하여도 배상할 책임이 있다.

# 천리마를 얻기 위해 사람들의 눈을 속인 주몽은 죄가 있을까?

지금부터 사건번호 2014도214의 모의재판을 시작하겠습니다. 주몽은 속임수를 부려 금와왕에게 천리마를 상으로 받았습니다. 이에 검사는 금와왕에게서 천리마를 가로채 도망친 주몽을 사기죄와 도주죄로 기소했습니다. 배심원 여러분은 이 경우 어떠한 판결을 내리시겠습니까? 그러면 사건번호 2014도214의 올바른 판결을 위해 사건의 내용을 알아보도록 하겠습니다.

**오래전** 한반도 북쪽에 부여라는 나라가 있었습니다. 어느 날 부여의 왕인 금와왕이 백두산으로 사냥을 나갔습니다. 몸집이 크고 뿔이 멋진 사슴을 쫓아가던 금와왕은 연못가에서 한 여자를 만났습니다.

"당신은 누구시기에 여자의 몸으로 이 깊은 산속을 헤매는 것입니까?"

금와왕의 말에 여자가 대답했습니다.

"저는 하백의 딸 유화라고 합니다. 아버지께 죄를 짓고 쫓겨나 이렇게 산속을 헤매고 있었습니다."

금와왕은 사정이 딱한 유화를 궁으로 데려와 부인으로 삼았습니다. 그런데 유화가 궁으로 들어온 뒤 이상한 일이 생겼습니다. 방 창문으로 무지갯빛의 햇살이 길게 들어와 유화를 비추기 시작했습니다.

"아이, 눈부셔라. 저리로 가서 앉아야겠다."

아무리 피해 다녀도 햇살은 어김없이 유화를 따라가 비추었고 유화는 얼마 뒤 아기를 갖게 되었습니다. 그런데 열 달이 지난 후 유화가 낳은 것은 예쁜 아기가 아니라 알이었습니다.

이를 불길하게 여긴 금와왕은 알을 갖다 버리라고 명령했습니다. 신하들은 알을 돼지우리의 먹이 그릇에 던졌습니다. 그랬더니 돼지들이 알을 먹기는커녕 우리 한쪽의 깨끗한 자리에 놓아두었습니다. 이 모습에 놀란 신하들이 알을 꺼내 저자거리에 갖다 버렸습니다. 그러자 이번에는 마차를 끄는 소와 말들이 조심스럽게 알을 비켜 갔습니다.

이 이야기를 전해 들은 금와왕은 결국 알을 다시 가져오라고 명한 뒤 귀하게 품도록 했습니다. 그랬더니 며칠 후 알이 깨지며 우람한 사내아이가 태어났습니다. 무럭무럭 자라 빼어난 활 솜씨를 가지게 된 아이는 주몽이라고 불리게 되었습니다. 당시 부여에서는 활을 잘 쏘는 사람을 주몽이라고 불렀기 때문입니다. 사냥을 즐기던 부여에서는 활 쏘는 기술을 매우 중요하게 여겼답니다.

금와왕에게는 주몽 이외에도 일곱 명의 왕자가 더 있었습니다. 그들은 지혜, 힘, 활 솜씨 등 모든 면에서 주몽에게 뒤처지자 주몽을 몹시 시기했습니다. 그래서 활을 만들어 와라, 말에 먹이를 주어라, 나무를 해 와라 식의 온갖 잡일로 주몽을 괴롭혔습니다. 한 명이 심부름을 시키면 다른 왕자들도 이에 질세라 주몽에게 심부름을 시켰습니다. 자기이 할 일을 주몽에게 미루는 일도 많았습니다. 하지만 주몽은 얼굴 하나 찌푸리지 않

고 형들의 심부름을 했습니다.

하지만 일곱 왕자들은 여기에서 만족하지 않았습니다. 급기야 있지도 않은 험담을 만들어 금와왕에게 일러바쳤습니다.

"주몽이 그럴 리가 없다. 하지만 너희들이 그렇게 신경 쓰인다면 궂은 일을 시킨 뒤 살펴보도록 하마."

금와왕은 일곱 아들의 말을 듣고서 주몽을 마구간으로 보내 말 돌보는 일을 시켰습니다. 얼마쯤 지나자 주몽은 말의 눈동자와 털빛 그리고 골격만으로도 어떤 말이 좋은 말인지 단번에 알아볼 수 있게 되었습니다.

'나를 해치려는 이들이 많으니 언제든 도망칠 수 있게 준비를 해야겠다. 그러려면 잘 달리는 말이 꼭 필요한데……'

주몽은 한 마리씩 말을 꼼꼼히 살피며 가장 좋은 말을 자신의 것으로 점찍었습니다. 그런 뒤에 나쁜 말에게는 여물을 많이 주고 가장 좋은 말에게는 여물을 적게 주었습니다. 시간이 흐르자 나쁜 말은 통통하게 살이 올라 윤기가 반지르르해졌고 좋은 말은 뼈가 앙상하게 드러날 만큼 야위었습니다.

그러던 어느 날, 금와왕이 일곱 왕자와 함께 마구간을 찾아왔습니다. 마구간을 둘러본 금와왕은 제일 좋아 보이는 말은 자기가 갖고, 일곱 왕자들에게도 차례차례 말을 나눠 주었습니다.

"주몽아, 말을 아주 잘 돌보았구나."

금와왕은 주몽에게 가장 마른 말을 상으로 주었습니다. 주몽은 속으로 빙그레 웃었습니다. 주몽이 받은 말은 한 번에 천 리를 갈 만큼 매우 빠른 말이기 때문이었습니다. 그 후 주몽은 그 말을 매우 정성껏 돌보았습니다.

"형님, 오늘 밤에 주몽을 없앱시다."

어느 날, 궁궐 마당을 거닐던 유화는 우연히 주몽을 해치자는 일곱 왕자들의 말을 들었습니다. 유화는 그 말을 아들에게 전했습니다.

"어머니, 걱정하지 마세요. 제 말은 천리마라 무척 빠르거든요."

그날 밤, 주몽은 활과 화살, 식량 등을 챙겨 궁궐을 빠져나왔습니다. 왕자들은 주몽을 따라가며 외쳤습니다.

"멈춰라, 주몽! 지금 멈춘다면 너를 해치지 않겠다."

하지만 주몽은 아랑곳하지 않고 계속 내달렸습니다. 왕자들은 쉬지 않고 주몽의 뒤를 쫓았지만 어찌된 영문인지 따라잡을 수가 없었습니다. 주몽의 말은 눈앞에서 쌩 하고 사라질 만큼 빨리 달렸습니다.

# 주몽은 죄가 있을까?

지금부터 사건번호 2014도214, 금와왕을 속여 상으로 받은 천리마를 타고 부여를 탈출한 주몽에 대한 판결을 내리겠습니다.

## 1 참가자의 한마디&최후 진술

**피해자 금와왕**: 가장 좋은 말을 야위게 만들어 저를 속였습니다.

**피고인 주몽**: 저는 말들을 정성껏 돌보았으며 목숨에 위협을 느껴 도망친 것뿐입니다.

### 유죄입니다 (검사)

존경하는 재판장님.
주몽은 금와왕을 속이고 천리마를 가로챈 뒤 그 천리마를 타고 도주했습니다. 사기죄와 도주죄로 엄벌에 처해야 합니다.

① 교묘한 계책으로 금와왕과 일곱 왕자들을 속이고 천리마를 상으로 받은 주몽의 행동은 사기죄에 해당합니다.
② 주몽은 왕자들의 명령을 거부하고 도망갔습니다. 이것은 국법의 효력을 지니는 왕자들의 명을 어긴 것이므로 도주죄로 처벌해야 합니다.

### 무죄입니다 (변호사)

존경하는 재판장님.
목숨을 구하기 위해 선물로 받은 자신의 말을 타고 부여를 떠난 주몽은 무죄입니다.

① 금와왕이나 일곱 왕자들이 단지 안목이 부족해 천리마를 알아보지 못한 것이니 주몽은 사기죄에 해당하지 않습니다.
② 주몽은 법에 따라 구금되거나 체포된 사람이 아니므로 자유롭게 부여를 떠날 수 있습니다.
③ 설혹 어떠한 범죄가 성립한다고 하더라도 위급한 상황에서 목숨을 구하기 위한 긴급피난 행동이었으므로 주몽은 무죄입니다.

## 2 배심원의 판단

나는 주몽이 ( 무죄 , 유죄 )라고 생각합니다. 왜냐하면 _____

_____

## 3 현명한 판사의 판결

**사기죄**
다른 사람을 속이고 재산상의 이익을 얻는 범죄를 말해요.

**도주죄**
법률에 의해 정당한 절차로 체포 또는 구금된 사람이 도망갔을 때 해당하는 범죄예요.

**긴급피난**
큰 위협이 닥쳐서 그 위험을 피하기 위해 한 행동은 위법하지 않아 무죄가 된답니다.

피고인 주몽의 말, 피해자 금와왕의 말과 주몽의 말이 천리마라는 말 감정서, 너무 비쩍 말라 주몽의 말이 천리마인 줄 몰랐다는 마구간 청소부의 증언, 주몽을 죽이려는 왕자들의 대화를 들었다는 유화의 진술서 등의 증거를 종합하면, 주몽이 금와왕의 명령으로 마구간에서 말을 돌보았다는 사실과 왕자들이 자신을 죽이려 하자 미리 구해 놓은 천리마를 타고 도주한 사실이 인정된다.

주몽이 부여의 포로나 범죄자가 아니며 자유로이 부여를 떠날 수 있는 사람이라는 점에서 그가 갑자기 부여를 떠났다고 해서 도주죄를 적용할 수는 없다.

하지만 주몽이 천리마를 상으로 받은 것은 사기죄에 해당한다. 천리마를 알아본 것은 주몽의 식견에서 비롯된 것이지만, 말을 돌보는 관리자로서 이러한 사실을 금와왕이나 왕자들에게 알리지 않고 일부러 말을 마르게 한 것은 속이려는 의도를 가지고 한 행동으로 볼 수 있기 때문이다. 정확한 사실을 모르는 금와왕에게 천리마를 받은 것은 진정한 수여로 볼 수 없다.

다만, 주몽이 천리마가 탐이 나 그것을 취해 도주한 것이 아니라 긴박한 생명의 위협을 느껴 천리마를 타고 부여에서 도망친 것이므로 이 행동은 긴급피난에 해당되어 위법하지 않아 사기죄를 물을 수 없다.

따라서 「형법」제22조 및 제347조, 「형사소송법」제325조에 근거하여 주몽에게 공소제기된 모든 범죄 사실은 무죄이다. 이제 주몽은 언제든 부여를 떠나도 상관없으며 천리마는 주몽의 소유물로 금와왕에게 돌려주지 않아도 된다.

**관련 법률**

「형법」**제22조(긴급피난)** ① 자기 또는 타인의 법익에 대한 현재의 위난을 피하기 위한 행위는 상당한 이유가 있는 때에는 벌하지 아니한다.
「형법」**제347조(사기)** ① 사람을 기망하여 재물의 교부를 받거나 재산상의 이익을 취득한 자는 10년 이하의 징역 또는 2천만 원 이하의 벌금에 처한다.
「형사소송법」**제325조(무죄의 판결)** 피고사건이 범죄로 되지 아니하거나 범죄사실의 증명이 없는 때에는 판결로써 무죄를 선고하여야 한다.

# 허락 없이 담 안을 엿본 이생은 죄가 있을까?

지금부터 사건번호 2014도215의 모의재판을 시작하겠습니다. 이생은 최랑의 집 담을 넘겨다보고 최랑을 훔쳐보았습니다. 그리고 그날 저녁 담을 넘어 집 안으로 들어갔습니다. 이에 검사는 비밀침해죄와 주거침입죄로 이생을 기소했습니다. 배심원 여러분은 이 경우 어떠한 판결을 내리시겠습니까? 그러면 사건번호 2014도215의 올바른 판결을 위해 사건의 내용을 알아보도록 하겠습니다.

고려의 도읍, 개성 땅에 최랑이라는 한 처녀가 살고 있었습니다. 최랑은 수를 즐겨 놓고 시문도 잘 짓는 아름다운 아가씨였습니다. 한편 같은 마을에 사는 이생이라는 총각도 글 읽기를 좋아하고 시 짓는 재주가 뛰어났습니다. 이생은 책을 옆에 끼고 서당에 갈 때면 수양버들이 우거진 최랑의 집 담을 지나곤 했습니다.

그날도 이생은 서당에 가기 위해 집을 나섰다가 최랑의 집 담 옆에서 잠시 쉬었습니다. 손으로 부채질을 하던 이생은 우연히 담을 넘겨다보게 되었습니다. 담 안에는 잘 가꾸어진 정원이 있었습니다. 봄꽃들이 다투어 피어난 뜰에는 나비들이 날아다녔고 새들은 아름답게 지저귀고 있었습니다. 담 너머까지 풍기는 꽃향기에 취해 이생은 서당에 가는 것도 잊고 마냥 서 있었습니다. 그때 수양버들 사이로 작은 누각이 보였습니다. 구슬로 엮은 발을 내린 누각에는 어여쁜 아가씨가 홀로 앉아 있었습니다. 이생은 아가씨를 몰래 훔쳐보았습니다.

꽃향기 어지러우니 수놓기도 귀찮구나.
활짝 핀 꽃들 위로 나비는 너울너울
수양버들 그늘 속에 꾀꼬리는 정답구나.
부질없는 봄바람에 생각이 깊어지네.

아가씨가 중얼중얼 시를 읊자 그 소리를 듣기 위해 이생이 담벼락에 바짝 붙었습니다. 까치발로 서서 담 안을 들여다보던 이생은 그만 아가씨와 눈이 마주치고 말았습니다.

저기 저 총각은 어느 집 도련님일까
푸른 옷깃 넓은 띠가 버들 사이로 비치네.
이 몸이 처마 밑의 제비가 된다면
구슬 발 지나 높은 담도 넘으련만.

구슬같이 맑은 아가씨의 목소리에 이생은 화들짝 놀라 그곳을 도망쳤습니다. 항급히 도망가는 이생의 가슴은 두근두근 뛰었습니다.
'나를 보았을까? 그 아가씨는 누구일까?'

이생은 책을 읽는 동안에도 최랑의 시 읊는 목소리가 귓가에서 아른거려 집중을 할 수가 없었습니다. 서당에서 돌아오는 길에 이생은 어느새 최랑의 집 앞에 서 있었습니다.

'그 아가씨가 아직도 정원에 있을까?'

이생은 최랑을 한 번 더 보고 싶었습니다. 하지만 남의 집을 들여다보는 것은 떳떳한 일이 아니었습니다. 이생은 고개를 절레절레 저으며 발길을 돌려 집으로 향했습니다. 하지만 몇 발자국도 가기 전에 이생의 발걸음은 자석에 이끌리듯 다시 최랑의 집으로 향했고, 이생은 어느새 담 안을 들여다보고 있었습니다. 담 안에는 아무도 보이지 않았습니다.

'남의 집 처녀를 훔쳐보고자 하다니, 이게 무슨 짓인가?'

이생이 한숨을 쉬며 마음을 굳게 먹고 발길을 돌리려는 찰나, 저 멀리서 최랑의 모습이 보였습니다.

어여쁜 최랑의 얼굴을 본 이생은 조금 전의 생각은 까맣게 잊어버리고 급하게 종이에 시를 써서 돌멩이에 매달아 담 안으로 던졌습니다. 종이에는 최랑을 향한 이생의 마음이 적혀 있었습니다. 종이를 펴 본 최랑의 얼굴이 붉게 변했습니다. 잠시 주저하던 최랑도 답을 써서 담 밖으로 던졌습니다.

'날이 저물 무렵에 이곳으로 오세요.'

날이 어두워지자 이생은 최랑의 집 담으로 갔습니다. 담 옆에는 복숭아나무 가지가 길게 내려와 있었습니다. 이생은 그 가지를 잡고 담을 넘어 집 안으로 들어갔습니다.

하늘에 달이 둥실 떠올랐습니다. 배나무 아래에서 이생을 기다리던 최랑이 달보다 환하게 웃었습니다. 하지만 부모님의 허락도 없이 최랑을 만난 이생은 조심스러운 마음에 주위를 살폈습니다.

"걱정하지 마세요. 여기는 외딴 곳이라 드나드는 사람이 없습니다."

최랑은 아버지가 자신을 위해 뒤뜰에 만들어 놓은 별채로 이생을 이끌었습니다. 이생은 설레는 마음으로 최랑의 뒤를 따라갔습니다.

## 이생은 죄가 있을까?

지금부터 사건번호 2014도215, 최랑 아버지의 허락도 없이 담을 넘어 집으로 들어간 이생에 대한 판결을 내리겠습니다.

### 1 참가자의 한마디 & 최후 진술

**피해자 최랑 아버지**: 허락도 없이 우리 집 담을 넘은 이생을 혼내 주십시오.

#### 유죄입니다 (검사)

존경하는 재판장님.
이생은 다 큰 처녀를 엿본 것도 모자라서 결국 남의 집에 침입했습니다. 이생은 비밀침해죄와 주거침입죄를 저지른 범죄자이므로 엄벌에 처해야 합니다.

1. 최랑을 훔쳐보면서 최랑의 비밀을 침해한 이생의 행동은 비밀침해죄에 해당됩니다.
2. 담 너머로 집 안을 엿보면서 주거 침입을 하려고 시도하다가 결국 최랑의 집 담을 넘은 이생의 행동은 주거침입죄에 해당됩니다.

**피고인 이생**: 비록 담을 넘기는 했지만 저는 정식으로 최랑의 초대를 받고 간 것입니다.

#### 무죄입니다 (변호사)

존경하는 재판장님.
이생은 최랑과 사랑하는 사이이며 최랑의 얼굴이 보고 싶어 담을 넘은 것이므로 무죄입니다.

1. 비밀침해죄는 다른 사람의 편지나 문서를 몰래 뜯어 보는 범죄를 말하므로 담 안을 엿본 것은 비밀침해죄에 해당하지 않습니다.
2. 이생은 정식으로 최랑의 초대를 받아 집 안으로 들어간 것이기 때문에 주거침입죄에 해당하지 않습니다.
3. 이생과 최랑은 서로 사랑하는 사이이므로 이생의 행동을 범죄로 보기는 어렵습니다.

### 2 배심원의 판단

나는 이생이 ( 무죄 , 유죄 )라고 생각합니다. 왜냐하면 _____
_____

## 3 현명한 판사의 판결

**비밀침해죄**
다른 사람의 문서나 편지 같은 것을 함부로 열어서 내용을 보면 비밀침해죄가 된답니다. 남의 이메일을 해킹하는 것도 마찬가지예요.

**정당행위**
사회적으로 납득할 만한 행동을 말해요. 지하철에서 다른 사람을 힘으로 밀쳤지만 지하철에 타기 위해 어쩔 수 없이 그랬다면 정당행위가 될 수 있지요.

피고인 이생의 말, 피해자 최랑 아버지의 말과 이생이 담 안을 엿보는 장면을 목격한 주민들의 증언, 집에 들어오라고 허락한 최랑의 진술서 등의 증거를 종합하면, 우연히 담 너머로 최랑을 본 이생이 최랑을 사모하게 되어 지속적으로 담 안을 엿보다가 최랑에게 접근해 그녀의 집으로 들어간 사실이 인정된다.

검사는 이생이 담을 기웃거린 것이 「형법」 제316조와 제319조에 따라 비밀침해죄와 주거침입죄에 해당한다고 주장하고 있으나 비밀침해죄는 다른 사람의 비밀 문서를 몰래 열어 볼 때 해당되는 죄이므로 이생의 행동은 비밀침해죄가 성립하지 않는다. 또한 최랑의 집 담 너머에서 기웃거린 것만으로는 주거의 평화를 해쳤다고 보기 힘들므로 주거침입죄 또한 성립하지 않는다.

다만, 나중에 최랑과 그 가족들이 사는 집에 최랑의 허락만 받고 몰래 들어간 것은 대단히 위험하고 잘못된 행동이며 주거침입죄에 해당할 소지가 있다. 하지만 이생과 사랑하는 사이가 된 최랑이 연인을 집으로 초대한 것으로 볼 경우, 이는 법에 어긋나는 행동이 아니라고 볼 수도 있다. 이는 「형법」 제20조의 정당행위로 보아 위법성이 없다.

따라서 「형법」 제20조, 「형사소송법」 제325조 전단에 근거하여 피고인 이생에게 무죄를 선고한다. 다만 스스로 지난 행동을 뉘우친 후 각자 부모님의 허락을 받고 최랑과 사귀기를 바라는 바이다.

### 관련 법률

**「형법」 제316조(비밀침해)** ① 봉함 기타 비밀장치한 사람의 편지, 문서 또는 도화를 개봉한 자는 3년 이하의 징역이나 금고 또는 500만 원 이하의 벌금에 처한다. ② 봉함 기타 비밀장치한 사람의 편지, 문서, 도화 또는 전자기록등 특수매체기록을 기술적 수단을 이용하여 그 내용을 알아낸 자도 제항의 형과 같다.

**「형법」 제319조(주거침입)** ① 사람의 주거, 관리하는 건조물, 선박이나 항공기 또는 점유하는 방실에 침입한 자는 3년 이하의 징역 또는 500만 원 이하의 벌금에 처한다.

**「형법」 제20조(정당행위)** 법령에 의한 행위 또는 업무로 인한 행위 기타 사회상규에 위배되지 아니하는 행위는 벌하지 아니한다.

**「형사소송법」 제325조(무죄의 판결)** 피고사건이 범죄로 되지 아니하거나 범죄사실의 증명이 없는 때에는 판결로써 무죄를 선고하여야 한다.

# 나라의 과일을 모두 사들인 후 비싼 값에 되판 허생은 죄가 있을까?

지금부터 사건번호 2014도216의 모의재판을 시작하겠습니다. 허생은 나라 안의 과일을 독차지한 후 가격을 마음대로 매겨 되팔았습니다. 이에 검사는 매점매석을 하며 시장의 질서를 어지럽힌 허생을 불공정거래행위죄로 기소했습니다. 배심원 여러분은 이 경우 어떠한 판결을 내리시겠습니까? 그러면 사건번호 2014도216의 올바른 판결을 위해 사건의 내용을 알아보도록 하겠습니다.

**효종이** 조선을 다스리던 시절, 남산 묵적골에 허생이라는 선비가 살고 있었습니다. 허생은 어렸을 적부터 책 읽기를 좋아해 그것을 일로 삼으며 살았습니다. 하지만 농사지을 땅도 없고, 모아 둔 재산도 없어 부인이 삯바느질을 해서 버는 돈으로 생계를 꾸려 갔습니다.

어느 날, 양식이 떨어져 온 식구가 이틀을 굶었습니다. 그런데도 허생은 태평하게 앉아 책만 읽었습니다. 이 모습에 부아가 치민 부인이 불평을 늘어놓았습니다.

"당신은 과거도 보지 않을 거면서 뭣하러 책을 읽어요? 무슨 일이라도 해서 돈이나 좀 벌어 오세요."

부인의 말에 허생은 웃는 낯으로 대답했습니다.

"배운 것이 글뿐이라 노동은 할 수 없고, 장사는 밑천이 없어 할 수 없으니 어쩌겠소? 당신이 3년만 더 참아 주구려."

허생이 다시 책을 읽자 부인은 온몸을 부르르 떨며 말했습니다.

"3년 동안 뭘 먹고 살라고 그런 말씀을 하시는 거예요? 이거야말로 도둑놈 배짱이 아니면 뭡니까?"

그 말에 허생은 책을 덮고 벌떡 일어나 집을 나왔습니다. 허생은 그 길로 한양의 도성으로 들어갔습니다. 그리고 지나가는 사람들을 불러 세워 한양 제일의 부자가 누구냐고 물었습니다. 사람들은 모두 변 부자를 장안 제일의 부자로 꼽았습니다. 허생은 곧장 변 부자의 집으로 갔습니다. 변 부자의 으리으리한 집으로 당당히 걸어 들어간 허생은 꼿꼿한 자세로 주인을 찾았습니다.

"뉘신데 나를 찾아오셨소?"

"저는 묵적골에 사는 허생이란 선비입니다. 집이 하도 가난하여 장사나 좀 해 볼까 하여 찾아왔으니 제게 1만 냥만 빌려 주십시오."

돈을 빌리러 온 사람의 태도치고는 무례하기 짝이 없었으나 변 부자는 조금도 기죽지 않고 돈을 빌려 달라는 허생의 태도를 유심히 살펴보았습니다.

'말하는 태도로 보아 비범한 사람임이 틀림없다!'

변 부자는 즉시 허생에게 돈 1만 냥을 내주었습니다.

허생은 변 부자에게 빌은 돈을 가지고 경기도 안성으로 갔습니다. 그곳에서 과일 장사를 하기로 작정한 허생은 우선 일꾼을 시켜 커다란 창고를 지었습니다. 창고가 완성되자 허생은 시장으로 나가 밤과 감, 대추, 호두, 배 등의 과일을 모두 사들였습니다. 밑천도 넉넉히 있겠다 허생은 장사치들이 달라는 대로 돈을 주고 각 지방의 모든 과일을 사들였습니다.

"이 많은 과일을 모두 어쩌려고 창고에 두십니까? 얼른 파셔야 돈이 되지요."

고개를 갸우뚱거리며 묻는 아내에게 허생은 웃으며 말했습니다.

"아직은 팔 때가 아니라오. 조금만 더 기다려 봅시다."

한 달이 지나자 온 나라에서 대추 한 톨, 배 한 알 구경하기가 힘들어졌습니다.

"어느 시장을 가도 과일은 구경조차 힘드니 제사상을 어떻게 차리나?"

사람들은 과일을 구하기 위해 애를 썼습니다. 원래 시장의 물건은 양이 많으면 값이 떨어지고, 양이 적으면 값이 오르기 마련인지라 과일 값은 하늘 높은 줄 모르게 높이 치솟았습니다. 그즈음에야 허생은 창고에 쌓여 있던 과일을 꺼내 시장에 내다팔기 시작했습니다. 허생이 부르는 과일 값은 듣는 사람들의 혀를 내두르게 했습니다.

"한 달 전보다 열 배는 비싸졌네. 왜 이리 비싸졌담?"

"무슨 대추 한 톨이 그렇게 비싸단 말이오?"

사람들은 과일을 만지작거리며 터무니없이 비싼 과일 값에 사기를 망설였습니다.

"싫으면 관두시오. 저 옆 동네 장터에도 가야 해서 바쁘니……."

허생이 짐을 싸려는 시늉을 하자 사람들은 서둘러 말했습니다.

"아, 잠깐 기다리시오. 사과가 얼마라고 했소?"

"그래도 제사상은 차려야 하니 어쩔 수 없지. 어서 배를 주시오."

비싸게 부르는 값에도 얼마 지나지 않아 과일은 모두 팔렸습니다. 이렇게 해서 번 돈이 빌린 돈의 열 배나 되었습니다. 허생은 크게 웃으며 말했습니다.

"하하하! 돈 버는 것이 글공부보다 훨씬 쉽군."

# 어린이 로스쿨 모의재판 — 허생전

## 허생은 죄가 있을까?

지금부터 사건번호 2014도216, 전국의 과일을 모두 산 뒤 비싼 값으로 되판 허생에 대한 판결을 내리겠습니다.

## 1 참가자의 한마디 & 최후 진술

**피해자 주민**: 제사상에 올릴 과일이 필요해 울며 겨자 먹기로 비싼 과일을 살 수밖에 없었습니다.

**피고인 허생**: 강압적으로 판 것이 아니라 필요한 사람들에게 물건을 판 것뿐입니다.

### 유죄입니다 (검사)

존경하는 재판장님.
허생은 '나 아니면 물건을 못 산다'는 식으로 거래상 지위를 남용해 불공정거래행위 죄를 저질렀습니다. 엄벌에 처해야 합니다.

1. 조선은 아직 교통이 불편할 뿐더러 다른 나라와 무역이 발달하지 못했습니다. 허생은 그런 약점을 알고 물건을 매점매석한 뒤 경쟁자를 배제하고 거래상 지위를 남용했습니다. 이는 「독점규제 및 공정거래에 관한 법률」상 불공정거래행위죄에 해당합니다.
2. 허생이 더 이상 같은 행동을 반복할 수 없도록 조치하고 그 영업 이익에 대한 과징금을 부과해야 합니다.

### 무죄입니다 (변호사)

존경하는 재판장님.
필요한 사람들에게 과일을 팔았을 뿐인 허생은 무죄입니다.

1. 허생은 우리나라에 매점매석을 금지하는 법률이 있는지 몰랐습니다. 만약 법률을 알았다면 하지 않았을 것입니다.
2. 허생은 본디 장사꾼이 아니라 선비입니다. 「독점규제 및 공정거래에 관한 법률」은 장사를 하는 사람들에게 적용되는 법률이므로 허생에게는 적용되지 않습니다.
3. 허생은 고의로 매점매석을 한 것이 아닙니다. 허생이 예측한 몇몇 상품들이 우연하게 가격이 올라 돈을 벌게 된 것일 뿐, 독점을 의도한 것은 아닙니다.

## 2 배심원의 판단

나는 허생이 ( 무죄 , 유죄 )라고 생각합니다. 왜냐하면 _____

# 3 현명한 판사의 판결

피고인 허생의 말, 증인인 변 부자의 증언, 허생이 사들인 이후 과일값이 열 배 이상 폭등했다는 안성 시장의 가격 조회서 등의 증거를 종합하면, 본디 선비였던 허생이 돈이 궁해지자 변 부자에게 1만 냥을 빌려 나라의 과일을 모조리 사들였다는 사실과 얼마 지나지 않아 과일 값이 폭등하자 열 배 이상 값을 올려 받아 10만 냥의 돈을 쉽게 벌어들였다는 사실이 인정된다.

아직 교통이 발달하지 못한 조선은 과일 같은 품목이 상당히 더디게 운송되어 매점매석하기 쉬운 상황이었다. 허생은 이 점을 알고 자신의 행동으로 인해 물건이 더욱 귀해질 것을 예상하고 있었음에도 물건을 독점하고 경쟁을 회피하며 거래상 지위를 남용하여 비싼 값에 팔았다. 이는 「독점규제 및 공정거래에 관한 법률」에서 금지하는 거래상 지위 남용 행위이므로 처벌할 필요가 있다. 또한 이 법은 장사를 하는 사람이라면 누구나 해당되기 때문에 허생이 본래 선비라 해도 법의 적용을 피할 수는 없으며, 특히 글공부를 오래 한 사람으로서 매점매석이 법에 어긋난다는 것은 충분히 알고 있었을 것으로 짐작된다.

따라서 「독점규제 및 공정거래에 관한 법률」 제67조 및 제23조에 근거하여 피고인 허생에게 징역 1년형 및 1억 원을 선고한다. 동시에 이 판결과 별도로, 조정(정부)에서는 제24조와 제24조의2에 따라 허생에게 그 장사를 그만두도록 할 것이며 그동안 장사로 번 10만 냥 중 2퍼센트에 해당하는 2천 냥을 과징금으로 내도록 권하는 바이다.

### 불공정거래행위죄

공정거래법상 시장의 자유로운 거래를 방해하고 혼자만 이익을 얻으려는 행동은 불공정거래행위라고 해서 형사처벌을 받거나 과징금을 내야 해요. 독점, 과점 같은 행동부터 끼워팔기 같은 것들도 여기에 포함된답니다.

### 과징금

과징금은 징역, 벌금 같은 형벌과 달리 행정적으로 돈을 내라는 명령이에요. 요즘은 벌금보다 과징금이 더 많아졌답니다.

## 관련 법률

**「독점규제 및 공정거래에 관한 법률」**

**제67조(벌칙)** 다음 각 호의 어느 하나에 해당하는 자는 2년 이하의 징역 또는 1억 5천만 원 이하의 벌금에 처한다.
2. 제23조(불공정거래행위의 금지)제1항(제7호는 제외한다)의 규정에 위반하여 불공정거래행위를 한 자

**제23조(불공정거래행위의 금지)** ① 사업자는 다음 각 호의 어느 하나에 해당하는 행위로서 공정한 거래를 저해할 우려가 있는 행위(이하 "불공정거래행위"라 한다)를 하거나, 계열회사 또는 다른 사업자로 하여금 이를 행하도록 하여서는 아니된다.
1. 부당하게 거래를 거절하거나 거래의 상대방을 차별하여 취급하는 행위 2. 부당하게 경쟁자를 배제하는 행위 3. 부당하게 경쟁자의 고객을 자기와 거래하도록 유인하거나 강제하는 행위 4. 자기의 거래상의 지위를 부당하게 이용하여 상대방과 거래하는 행위

**제24조(시정조치)** 공정거래위원회는 제23조(불공정거래행위의 금지)제1항 또는 제2항, 제23조의2(특수관계인에 대한 부당한 이익제공 등 금지)의 규정에 위반하는 행위가 있을 때에는 해당 사업자[제23조(불공정거래행위의 금지)제2항 및 제23조의2(특수관계인에 대한 부당한 이익제공 등 금지)의 경우 해당 특수관계인 또는 회사를 의미한다]에 대하여 해당 불공정거래행위 또는 특수관계인에 대한 부당한 이익제공 행위의 중지 및 재발방지를 위한 조치, 계약조항의 삭제, 시정명령을 받은 사실의 공표 기타 시정을 위한 필요한 조치를 명할 수 있다.

**제24조의2(과징금)** ① 공정거래위원회는 제23조(불공정거래행위의 금지)제1항(제7호는 제외한다)의 규정을 위반하는 행위가 있을 때에는 당해사업자에 대하여 대통령령이 정하는 매출액에 100분의 2를 곱한 금액을 초과하지 아니하는 범위 안에서 과징금을 부과할 수 있다.

# 사도 세자를 뒤주에 넣어 죽인 영조는 죄가 있을까?

지금부터 사건번호 2014도217의 모의재판을 시작하겠습니다. 영조는 아들인 사도 세자를 뒤주에 가두고 굶어 죽게 만들었습니다. 이에 검사는 감금치사죄로 영조를 기소했습니다. 하지만 영조는 자신은 절대 왕권을 지닌 왕이라며 재판을 받지 않겠다고 변호사를 통해 밝혔습니다. 배심원 여러분은 이 경우 어떠한 판결을 내리시겠습니까? 그러면 사건번호 2014도217의 올바른 판결을 위해 사건의 내용을 알아보도록 하겠습니다.

**영조께서는** 똑똑하고 인자하며 효성스러운 성품을 가진 왕이셨지만 아들인 사도 세자에게만은 유독 엄격하셨습니다. 세자는 원래 말이 없고 행동이 느렸지만 깊이 생각하는 덕이 있었습니다. 하지만 성격이 급한 영조께서는 세자의 느린 행동을 못마땅하게 여기며 갑갑하다고 화를 내시곤 했습니다. 영조께서는 많은 신하들이 보는 앞에서 세자의 허물을 들춰내며 크게 꾸짖는 일이 많았습니다. 자연히 세자는 영조와 함께 있는 것을 싫어하게 되었습니다.

저는 언제나 시아버님인 영조께서 세자, 그러니까 제 남편을 조금만 더 다정하게 대해 주길 바랐습니다.

세자의 성격상 엄격한 대궐 생활은 힘에 부쳤습니다. 아버지를 어렵게 생각하는 세자의 마음을 풀어 주기 위해 여동생인 화평옹주도 이리저리 노력했습니다.

"오라버니, 아버님 뵈러 가는 길인데 같이 가요."

　영조께서 매우 아끼시던 화평옹주는 아버지를 뵈러 갈 때마다 오빠인 세자와 함께 갔습니다. 그럴 때면 영조께서도 부드러운 낯빛과 목소리로 세자를 대했습니다. 그때는 세자도 아버지를 어려워하지 않았습니다. 그러나 그 시간은 그리 길지 않았습니다. 화평옹주가 세상을 떠나자 영조와 세자의 사이는 다시 차가워졌습니다.

　영조께서는 호화로운 행사가 있을 때는 물론, 특별히 과거 시험이나 능행 같은 유익한 구경거리가 있어도 세자를 한 번도 부르지 않았습니다.

"이번 능행에는 나를 부르시려나?"

　조상님들의 묘를 보러 가는 능행이 있을 때마다 세자는 초조하게 부름을 기다렸습니다. 하지만 영조께서는 끝내 부르지 않으셨고, 세자는 결국 엄한 아버지에 대한 불안감 때문에 마음의 병을 얻게 되었습니다. 그 병 때문에 웃어른께 문안도 제대로 올리지 않고 글공부도 소홀히 했으며 생활마저 게을러졌습니다.

"웃어른들을 뵈면 가슴이 두근거리니 어찌할 줄을 모르겠소."

　저는 세자의 이런 모습을 볼 때마다 무척이나

안타까웠습니다. 그러나 이를 알 리 없는 영조께서는 세자의 게으른 모습만 나무라셨습니다.

"장차 이 나라를 이끌어 갈 세자로서 어른을 공경하고 글공부를 열심히 해야 함은 당연한 일인데 어찌 그리 나태한 생활을 한단 말이더냐?"

영조의 꾸지람에 세자는 눈도 마주치지 못한 채 창백한 얼굴로 떨고만 있었습니다. 영조께서는 세자의 이런 모습을 더욱 못마땅하게 여기셨습니다.

얼마 뒤 영조께서 세자에게 나랏일을 맡기면서 두 사람의 사이는 더욱 안 좋아졌습니다. 영조께서는 나라에 홍수나 가뭄이 들어 백성들의 생활이 힘들어지면 그것을 세자의 탓으로 여기며 언짢아하셨습니다.

"덕 없는 세자가 정치를 하니 이런 일이 벌어지는구나."

세자는 아무 말도 하지 못하고 아버지의 말씀을 받들었지만 속으로는 화병이 점점 쌓여 갔습니다. 급기야 세자의 병은 아주 심해져 주위 궁인들에게 짜증을 내고 심하면 매질까지 했습니다. 그러자 신하들은 영조에게 세자를 벌해 달라는 상소문을 올렸습니다.

며칠 뒤, 영조께서는 세자를 불러들이셨습니다.

"세자를 폐하고 서인(평인)으로 강등하노라. 여봐라, 주방에 가서 쌀 담는 뒤주를 가지고 오너라."

신하들은 고개를 갸우뚱거리며 이상하게 여겼습니다.

"전하께서 뒤주를 어디에다 쓰시려고 가져오라고 하시는 걸까?"

이윽고 신하들이 뒤주를 가지고 오자 영조께서 말씀하셨습니다.

"세자를 뒤주에 넣어라! 그리고 물 한 모금도 주어서는 안 된다."

세자는 물론 주위에 있던 신하들까지 모두 깜짝 놀랐습니다.

"아버님, 잘못했습니다. 앞으로는 아버님의 말씀대로 살겠습니다."

세자는 눈물을 흘리며 영조에게 잘못을 빌었습니다. 영조의 명령을 전해 들은 세손도 한걸음에 달려 나와 무릎을 꿇고 영조에게 빌었습니다.

"할바마마, 아버지를 살려 주세요. 한 번만 용서해 주세요."

하지만 세자의 애원과 세손의 부탁에도 불구하고 세자는 결국 뒤주에 갇히고 말았습니다. 저는 아무리 미워도 자식을 뒤주에 가둬서는 안 된다고 말씀드리고 싶었지만 차마 앞에 나설 수가 없었습니다. 그리고 뒤주에 갇혀 있는 남편을 두고 홀로 궁궐을 나와야 했습니다. 세자가 서인으로 강등되면서 아내인 저 역시도 서인의 신분이 되었기 때문입니다.

'뒤주 속의 서방님은 어쩌고 계시는지……'

궁궐을 나오는 가마 속에서 저는 울고 또 울었습니다. 그리고 아흐레 뒤, 세자는 그렇게 뒤주에서 죽고 말았습니다.

# 영조는 죄가 있을까?

지금부터 사건번호 2014도217, 아들인 세자를 뒤주에 가두고 굶어 죽게 만든 영조에 대한 판결을 내리겠습니다.

## 1 참가자의 한마디 & 최후 진술

피해자 혜경궁 홍씨: 영조께서는 아들인 세자를 뒤주에 가두어 죽게 하셨습니다.

### 유죄입니다 (검사)

존경하는 재판장님.
아들을 죽음으로 이끈 영조를 감금치사죄로 중하게 처벌해야 합니다.

① 우리나라는 법 앞에 누구나 평등한 나라입니다. 아무리 한 나라의 왕이라 하더라도 범죄를 저질렀다면 그에 맞는 처벌을 받는 것이 합당합니다.

② 영조는 잘못을 저지른 세자를 법에 따라 처벌하지 않고 '궁중 법도'라는 엉뚱한 근거로 감금해 죽게 만들었습니다. 이것은 감금치사죄로 중죄에 해당합니다.

피고인 영조: 덕과 성실함이 없는 세자를 궁중의 법도에 따라 벌한 것뿐입니다.

### 무죄입니다 (변호사)

존경하는 재판장님.
영조는 이 재판에 응할 수 없으며 혹 재판을 하더라도 무죄입니다.

① 조선에서 왕은 모든 권력을 가진 자로서, 왕의 말은 법과 같습니다. 따라서 영조에게 형법을 적용하는 것은 부당하며 영조는 재판을 받지 않아도 됩니다.

② 영조는 오늘날의 대통령과 같습니다. 대통령은 재임 중에 내란 같은 국가안전범죄가 아니면 형사재판을 받지 않고 퇴임한 뒤에야 재판이 가능합니다. 따라서 이번 재판은 무효입니다.

③ 만약 영조가 재판을 받게 되더라도 세자를 뒤주에 가둔 것은 죄를 벌하기 위한 정당행위였으므로 무죄입니다.

## 2 배심원의 판단

나는 영조가 ( 무죄 , 유죄 )라고 생각합니다. 왜냐하면 _____

## 3 현명한 판사의 판결

**감금치사죄**
사람을 가두어서 결국 죽게 하는 범죄예요.

**손해배상**
다른 사람에게 법에 위반되는 행동을 해서 피해를 주면 민법에 따라서 손해배상을 해야 한답니다.

**불소추특권**
국가 원수인 대통령은 재임 중에 내란 같은 범죄가 아니면 어떠한 형사재판도 받지 않고, 퇴임 이후에 받는답니다.

피고인 영조의 말, 피해자 혜경궁 홍씨의 말과 여러 궁인들의 증언, 사건에 등장하는 뒤주, 세자를 벌하라는 신하들의 상소문 등의 증거를 종합하면, 세자가 평소 아버지인 영조와 사이가 좋지 않았다는 사실과 신하들이 올린 상소문으로 인해 화가 난 영조가 세자를 평민으로 강등한 뒤 뒤주에 가두어 죽게 한 사실이 인정된다.

아무리 막강한 권력을 가진 왕이라 하더라도 법을 무시하고 권력을 휘두르면 국법의 심판을 받아야 한다. 따라서 왕에 대한 재판 자체가 무효라는 주장은 타당하지 아니하다.

또한 영조가 세자를 법에 따라서 처벌하지 않고 뒤주에 가두어 굶어 죽게 한 것은 「형법」 제276조와 제281조에 따라 엄연히 감금치사죄에 해당한다. 다만 왕은 현대 국가의 대통령과 위치가 같으므로, 대통령은 재임 중 형사재판을 받지 않는다는 「대한민국헌법」 제84조에 따라 영조가 왕에서 물러나지 않는 한 형사재판을 할 수 없다.

조선의 왕은 죽을 때까지 왕의 자리에 있기 때문에 피고인 영조의 감금치사죄에 대한 이 재판은 「대한민국헌법」 제84조와 「형사소송법」 제327조에 따라서 이만 마치도록 한다. 그러나 세자를 죽음으로 몰아 그의 아내와 아들에게 막대한 물질적, 정신적 피해를 입힌 책임을 물어 영조에게 위자료를 포함한 10억 원의 손해 배상 판결을 내린다.

### 관련 법률

「형법」 제276조(감금) ① 사람을 체포 또는 감금한 자는 5년 이하의 징역 또는 700만 원 이하의 벌금에 처한다.

「형법」 제281조(체포·감금 등의 치사상) ① 제276조 내지 제280조의 죄를 범하여 사람을 상해에 이르게 한 때에는 1년 이상의 유기징역에 처한다. 사망에 이르게 한 때에는 3년 이상의 유기징역에 처한다.

「대한민국헌법」 제84조 대통령은 내란 또는 외환의 죄를 범한 경우를 제외하고는 재직 중 형사상의 소추를 받지 아니한다.

「형사소송법」 제327조(공소기각의 판결) 다음 경우에는 판결로써 공소기각의 선고를 하여야 한다.
2. 공소제기의 절차가 법률의 규정에 위반하여 무효인 때

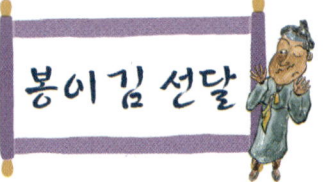

# 봉이 김 선달

## 돈을 받고 대동강 물을 판 봉이 김 선달은 죄가 있을까?

지금부터 사건번호 2014도218의 모의재판을 시작하겠습니다. 봉이 김 선달은 한양의 선비들에게 돈을 받고 자기 것도 아닌 대동강의 물을 팔았습니다. 이에 검사는 사기죄와 「먹는물관리법」 위반죄로 봉이 김 선달을 기소했습니다. 배심원 여러분은 이 경우 어떠한 판결을 내리시겠습니까? 그러면 사건번호 2014도218의 올바른 판결을 위해 사건의 내용을 알아보도록 하겠습니다.

**조선** 후기 평양 어디쯤에 김 선달이라는 사람이 살았습니다. 선달은 무과에 합격했으나 벼슬에 오르지 못한 사람을 일컫는 말이랍니다. 김 선달은 매우 가난했습니다. 하지만 타고나기를 낙천적인 성격이라 무슨 일이든 큰 걱정 없이 즐겁게 살았습니다. 사람들은 그를 봉이 김 선달이라고 불렀습니다. 김 선달이 그렇게 불리는 데에는 재미있는 사연이 있답니다.

"주인장, 이게 그 귀하다는 봉황이지요?"

어느 날 장에 간 김 선달이 닭 장수에게 물었습니다. 닭 장수는 닭을 보고 봉황이라 하니 헛웃음이 나왔습니다. 그러다가 문득 어리석은 김 선달을 골려 줄 요량으로 거짓말을 했습니다.

"맞아요. 싸게 줄 테니 이 봉황을 사시겠소?"

닭 장수는 닭을 봉황이라 속여 비싼 값으로 팔았습니다. 장터를 나온 김 선달은 곧장 원님을 찾아갔습니다.

"원님, 제가 귀한 봉황을 바치려고 하니 받아 주십시오."

원님은 김 선달의 손에 들린 닭을 보고는 크게 화를 냈습니다.

"여기가 어디라고 거짓을 말하느냐? 이걸 봉황이라고 하면 내가 속을 것 같으냐?"

원님이 꾸짖자 김 선달은 자초지종을 말했습니다. 그러자 원님은 닭 장수를 잡아들여 벌을 내렸고, 김 선달은 닭도 갖고 돈도 돌려받게 되었습니다. 그 일을 두고 사람들은 김 선달의 이름 앞에 봉황을 뜻하는 '봉' 자를 붙여 봉이 김 선달이라고 불렀습니다.

어느 날, 봉이 김 선달이 대동강의 강가를 산책하고 있었습니다. 그때 한양에서 놀러온 선비들이 봉이 김 선달 옆에서 한참을 떠들어 댔습니다.

"이곳은 사람들의 차림도 촌스럽고, 구경거리도 한양에 비하면 영 초라하군요."

선비들의 거들먹거리는 소리에 봉이 김 선달은 그들을 골려 주기로 작정했습니다. 봉이 김 선달은 대동강에서 물을 퍼다 나르는 하인들에게 술을 사 주며 돈을 나눠 주었습니다.

"내일 이곳에 오거들랑 지금 내가 준 돈을 돌려주시오."

공짜 술과 음식을 먹으며 기분이 좋아진 하인들은 모두 그렇게 하겠다고 약속을 했습니다.

다음 날, 봉이 김 선달은 대동강 옆에 앉아서 하인들을 기다렸습니다.

하인들은 물을 퍼 가며 봉이 김 선달에게 돈을 돌려주었습니다. 그것이 본래 봉이 김 선달의 돈인 줄 모르는 한양 선비들은 궁금증을 이기지 못하고 봉이 김 선달에게 물었습니다.

"강물을 퍼 가면서 왜 당신에게 돈을 줍니까?"

그러자 봉이 김 선달이 자신 있게 대답했습니다.

"이 대동강이 내 것이니 그렇지요."

한양 선비들은 퍼도 퍼도 마르지 않는 강물을 팔면 엄청난 부자가 되겠다고 생각했습니다. 그래서 봉이 김 선달에게 대동강을 팔라고 졸랐습니다. 봉이 김 선달은 어림도 없다며 고개를 저었습니다.

"조상 대대로 물려받은 대동강을 어떻게 팔 수 있겠습니까?"

"그러지 말고 후하게 값을 쳐 줄 테니 우리에게 파시오."

두 손을 휘저으며 거절하던 봉이 김 선달은 한양 선비들이 한참을 졸라 대자 할 수 없다는 듯이 고개를 끄덕였습니다.

"더 이상은 거절할 수가 없군요. 아이고, 이제 조상님들 낯을 어찌 뵐꼬……."

봉이 김 선달의 마음이 바뀔까 봐 한양 선비들은 얼른 대동강 값을 치렀습니다. 매우 큰 돈이었지만 한양 선비들은 강물을 팔아 더 큰 돈을 벌 생각에 싱글벙글했습니다.

다음 날이 되었습니다. 한양 선비들은 대동강 옆에 앉아 사람들이 물을 뜨러 오길 기다렸습니다. 이윽고 하인들이 물을 뜨러 오자 한양 선비들은 손을 내밀며 강물 값을 내놓으라고 했습니다.

"강물 값을 내라니, 무슨 소리입니까? 별 이상한 말을 다 듣겠네요."

하인들은 의아해하며 고개를 갸우뚱거렸습니다.

"우리가 봉이 김 선달이라는 사람한테 이 대동강을 샀단 말이다. 그러니 앞으로는 우리에게 강물 값을 내거라."

한양 선비들은 당당하게 말하며 다시 손을 내밀었습니다.

"그 사람에게 우리가 준 돈은 전날 받은 것을 되돌려 준 것입니다. 흐르는 강물을 사다니 웃기는 일이네."

하인들은 깔깔거리며 웃었습니다. 그제야 한양 선비들은 봉이 김 선달에게 속은 것을 깨닫고 몹시 화가 났습니다.

"우리 당장 봉이 김 선달을 잡으러 갑시다!"

# 봉이 김 선달은 죄가 있을까?

지금부터 사건번호 2014도218, 한양 선비들에게 대동강을 판 봉이 김 선달에 대한 판결을 내리겠습니다.

## 1 참가자의 한마디&최후 진술

**피해자 한양 선비들**: 우리를 속이고 자기 것도 아닌 대동강을 판 봉이 김 선달을 벌해 주십시오.

### 유죄입니다 (검사)

존경하는 재판장님.
대동강의 물을 함부로 팔아 사기죄와 「먹는물관리법」 위반죄를 저지른 봉이 김 선달을 엄벌에 처해야 합니다.

① 봉이 김 선달은 원래 아무나 퍼 갈 수 있는 대동강 물을 한양 선비들에게 비싸게 팔아 막대한 이익을 남겼습니다. 이것은 사기죄에 해당합니다.

② 「먹는물관리법」에 따르면 '먹는샘물'은 법에 따라 허가를 받고 팔아야 합니다. 봉이 김 선달은 그러한 절차를 무시하고 대동강 물을 함부로 팔아 국민의 건강을 위협했으므로 처벌받아 마땅합니다.

**피고인 봉이 김 선달**: 저는 그저 평양 사람들을 업신여기는 한양 선비들을 골려 준 것뿐입니다.

### 무죄입니다 (변호사)

존경하는 재판장님.
봉이 김 선달은 억울합니다. 평양 사람들의 명예를 지키기 위한 정당행위였을 뿐이므로 무죄입니다.

① 봉이 김 선달은 평양 사람들을 무시하는 한양 선비들을 골려 주려고 한 것뿐입니다. 사기의 고의가 없으므로 무죄입니다.

② 봉이 김 선달은 대동강 물을 팔 때 정당한 법적 절차를 밟아야 한다는 사실을 몰랐습니다. 따라서 이 점도 무죄입니다.

③ 만약 봉이 김 선달이 범법을 저질렀다 해도 그가 한양 선비들에게 곧바로 돈을 돌려주고 사과하려고 했다는 점을 참작해 주십시오.

## 2 배심원의 판단

나는 봉이 김 선달이 ( 무죄 , 유죄 )라고 생각합니다. 왜냐하면 _____

## 3 현명한 판사의 판결

**먹는물관리법**
식용으로 가능한 물의 보건과 안전을 위해 만들어진 법률이에요. 우리가 먹는 수돗물, 약수터 물, 정수기 물, 생수 등도 모두 이 법에 따라 관리를 받아야 한답니다.

**참고: 선고유예제도**
경미한 형벌을 내릴 경우, 죄를 범한 범죄자의 여러 사정을 참작해 형을 선고하지 않고 놔두는 제도예요. 일정 기간이 지나면 향후 재판을 면제해 준답니다.

피고인 봉이 김 선달의 말, 피해자 한양 선비들의 말과 대동강으로 물을 뜨러 온 하인들의 증언, 대동강 물의 매매 계약서, 대동강 물에 대한 수질 검사서, 평양 사람들을 무시하는 한양 선비들의 발언을 들은 수많은 사람의 진술서 등의 증거를 종합하면, 한양 선비들이 평양에 놀러 와서 평양 사람들의 명예를 훼손했다는 사실과 봉이 김 선달이 누구나 자유롭게 물을 퍼 갈 수 있는 대동강 물을 한양 선비들에게 돈을 받고 판 사실이 인정된다.

봉이 김 선달은 한양 선비들을 속여 누구나 사용할 수 있는 대동강 물을 팔아 이득을 얻었으므로 「형법」 제347조에 따라 사기죄가 성립된다. 또한 우리나라의 물을 팔기 위해서는 나라의 허가를 받고 정기적으로 수질 검사를 받아야 함에도 봉이 김 선달은 이러한 법적 절차를 모두 무시한 채 대동강 물을 판매하여 「먹는물관리법」도 위반했다.

그러나 봉이 김 선달이 평양과 평양 사람들을 무시하는 한양 선비들의 나쁜 버릇을 고쳐 주기 위한 정의감으로 이번 사건을 저지른 것이므로 그러한 사정을 널리 참작할 필요가 있다.

따라서 피고인 봉이 김 선달에 대한 재판은 그 형의 선고를 미루고 앞으로 착하게 살 경우, 더 이상의 재판을 면해 주기로 한다. 다만 봉이 김 선달은 죄를 뉘우치는 방식으로 평양 보호관찰소에서 보호 관찰을 받아야 하며 한양 선비들에게 받은 돈을 모두 돌려 주어야 한다. 한편 한양 선비들은 평양 주민들의 명예를 훼손하였으므로 상당한 손해배상을 하여 평양 주민들의 명예를 회복시켜야 할 것이다.

**관련 법률**

「형법」 제347조(사기) ① 사람을 기망하여 재물의 교부를 받거나 재산상의 이익을 취득한 자는 10년 이하의 징역 또는 2천만 원 이하의 벌금에 처한다.

「먹는물관리법」 제19조(판매 등의 금지) 누구든지 먹는 데 제공할 목적으로 다음 각 호의 어느 하나에 해당하는 것을 판매하거나 판매할 목적으로 채취, 제조, 수입, 저장, 운반 또는 진열하지 못한다.
1. 먹는샘물등 외의 물이나 그 물을 용기에 넣은 것
2. 제21조제1항에 따른 허가를 받지 아니한 먹는샘물등이나 그 물을 용기에 넣은 것

# 전우치전

## 임금을 속인 죄로 잡혀 갔다가 도망친 전우치는 죄가 있을까?

지금부터 사건번호 2014도219의 모의재판을 시작하겠습니다. 전우치는 부패한 조정과 탐관오리를 혼내 줄 목적으로 옥황상제의 사신 흉내를 내며 임금을 협박해 금을 빼앗고 도망쳤습니다. 이에 검사는 공무원자격사칭죄와 공갈죄, 도주죄 등으로 전우치를 기소했습니다. 배심원 여러분은 이 경우 어떠한 판결을 내리시겠습니까? 그러면 사건번호 2014도219의 올바른 판결을 위해 사건의 내용을 알아보도록 하겠습니다.

옛날에 전우치라는 선비가 살고 있었습니다. 전우치는 구름을 타고 하늘을 날며 마음대로 몸을 바꿀 수 있는 재주를 가지고 있었습니다. 게다가 행동이 올바르고 심성이 곧아 옳지 못한 일을 보면 참지 못했습니다.

그 무렵 나라 안은 무척 혼란스러웠습니다. 잇달아 흉년이 들면서 백성들은 굶주렸고 곳곳에서 도둑들이 들끓었기 때문입니다. 백성들은 죽을 지경이었지만 벼슬아치들은 백성들의 사정은 눈곱만치도 생각하지 않고 제 배 채우기에만 급급했습니다.

'더 이상은 두고 볼 수가 없구나. 내가 나서서 백성들을 도와야겠다.'

전우치는 도술을 부려 하늘에서 내려온 신선의 모습으로 변

했습니다. 그러고는 궁궐로 향했습니다.

"나는 옥황상제의 사신이오. 임금은 옥황상제의 명령을 들으시오. 옥황상제께서는 불쌍하게 이승을 떠난 영혼들을 위로하기 위해 궁을 지으려 하고 있소. 그러니 임금께서도 황금 대들보 하나를 옥황상제께 바치도록 하시오. 그렇지 않으면 옥황상제께서 인간 세상을 쑥대밭으로 만들 것이라 하셨소."

말을 마친 후 전우치는 오색구름을 타고 하늘 위로 올라갔습니다.

임금은 진짜 옥황상제의 명령인지 의아해하면서도 옥황상제의 명령을 따르지 않으면 화를 당할지도 모른다는 생각에 거역할 수가 없었습니다. 임금은 왕족과 신하들은 물론, 백성들에게까지 금을 모으라는 명령을 내렸습니다. 그렇게 온 나라의 금을 거두어 황금 대들보를 만든 임금은 신선의 모습을 하고 있는 전우치에게 그것을 갖다 바쳤습니다.

"온 힘을 다해 이 제물을 바쳤으니 앞으로 이 나라는 홍수와 가뭄 때문에 고생하는 일이 없을 것이오."

전우치는 황금 대들보의 반을 자른 뒤 서쪽 나라로 가서 쌀 10만 섬을 사들였습니다. 그리고 그 쌀을 굶주린 백성들에게 나눠 주었습니다. 쌀을 받은 사람들은 모이기만 하면 전우치를 칭찬했습니다. 결국 전우치에 대한 소문이 궁궐까지 퍼진 뒤에야 임금은 전우치에게 속은 것을 알아챘습니다. 화가 난 임금은 전우치를 잡아 오는 사람에게 큰 상을 내리겠다는 방을 내걸었습니다.

'나라에서 해야 할 일을 내가 대신 해 주었거늘 고마워하진 못할망정 잡

아들이려 하다니……'

전우치는 괘씸한 마음에 임금과 벼슬아치들을 괴롭히기로 마음먹었습니다.

"금 사세요, 금이요!"

전우치는 남은 황금 대들보에서 금을 조금 떼어 시장에 내다 팔았습니다.

"금이란 금은 나라에서 다 거둬들였는데 저 금은 어디서 난 것일까?"

사람들은 수군덕거리며 전우치를 바라보았습니다. 한 상인이 시장에서 금을 팔고 있다는 소문을 들은 벼슬아치들은 임금에게 그 사실을 고했습니다.

"금을 팔고 있는 그 자는 전우치가 틀림없을 것이다. 어서 가서 잡아들여라."

벼슬아치들은 금을 팔고 있는 전우치를 찾아가 더 큰 금덩이를 살 수 있느냐고 물었습니다. 전우치는 무척 반가워하며 스스럼없이 자기의 집으로 찾아오라며 집을 알려 주었습니다.

"집에 커다란 금덩이가 있습니다. 5백 냥만 가져오시면 금덩이를 모두 드릴 테니 언제든 찾아오시오."

다음 날 임금의 명을 받은 군사들이 전우치의 집으로 쳐들어갔습니다. 그런데도 전우치는 얼굴색 하나 변하지 않고 군사들을 맞았습니다.

"어서 저 놈을 잡아라."

대장의 말에 군사들이 전우치

를 에워쌌습니다. 아무리 재주가 뛰어난 전우치라고 해도 수많은 군사들 앞에서는 어쩔 수가 없었는지 꼼짝도 못하고 철사로 만든 밧줄에 꽁꽁 묶이고 말았습니다. 그런데 군사  들이 전우치를 다 묶고 보니 그건 사람이 아니라 나무토막이었습니다.

"아니, 이게 어떻게 된 일이야?"

"틀림없이 전우치를 묶었는데 웬 나무토막이 여기 있담?"

군사들은 깜짝 놀라 우왕좌왕하며 진짜 전우치를 찾기 위해 두리번거렸습니다. 그때 어디선가 전우치의 웃음소리가 들렸습니다.

"하하하, 너희들의 재주로는 나를 잡지 못할 것이다. 자, 나를 잡고 싶다면 어서 이 병을 가져가거라."

나무토막은 어느새 병이 되었고, 그 병 속에는 전우치가 들어 있었습니다. 군사들은 얼른 병의 입구를 막고는 임금에게로 가져갔습니다. 임금은 그 병을 받자마자 그대로 불 속으로 집어넣었습니다.

"집이 찢어지게 가난하여 추운 날에도 불을 때지 못하고 덜덜 떨며 살았는데 전하께서 이렇게 따뜻하게 몸을 녹여 주시니 감사할 뿐입니다."

전우치의 말에 화가 난 임금은 불 속에서 병을 꺼내 쇠망치로 내려쳤습니다. 병은 산산조각이 나고 말았습니다. 하지만 전우치는 벌써 도술을 부려 멀찌감치 도망가 버린 뒤였습니다. 화가 단단히 난 임금은 신하들에게 명령을 내렸습니다.

"지금 당장 전우치를 잡아들여라!"

# 전우치는 죄가 있을까?

지금부터 사건번호 2014도219, 임금을 속이고 금을 받은 뒤 도망친 전우치에 대한 판결을 내리겠습니다.

## 1 참가자의 한마디 & 최후 진술

**피해자 임금**: 전우치는 자신이 옥황상제의 사신인 것처럼 꾸며 저를 속이고 금을 빼앗았습니다.

**피고인 전우치**: 저는 불쌍한 백성들을 위해 어쩔 수 없이 도술을 부린 것입니다.

### 유죄입니다 (검사)

존경하는 재판장님.
자신을 옥황상제의 사신이라고 속여 인간 세상의 법도를 어지럽힌 전우치에게 중벌을 내려 주십시오.

1. 전우치가 자신을 옥황상제의 사신인 것처럼 꾸며 인간 세상의 임금에게 명령을 내린 것은 공무원자격사칭죄에 해당합니다.
2. 전우치가 옥황상제의 권력을 빌려 임금에게 겁을 주고 상당한 재물을 빼앗은 것은 공갈죄에 해당합니다.
3. 체포된 후 재판에도 나가지 않고 함부로 도망친 전우치의 행동은 도주죄에 해당합니다.

### 무죄입니다 (변호사)

존경하는 재판장님.
전우치는 무죄입니다.

1. 전우치가 전한 옥황상제의 명령은 임금조차 의아하게 여길 만큼 엉뚱한 명령이었습니다. 따라서 공무원자격사칭죄는 무죄입니다.
2. 전우치가 인간 세상을 쑥대밭으로 만들겠다고 한 것은 겁을 주기 위해서였을 뿐, 실제로 그럴 마음은 전혀 없었습니다. 그러니 공갈죄 역시 무죄입니다.
3. 전우치는 군사들에게 제대로 체포된 적이 없으므로 도주죄는 무죄입니다.
4. 백성들의 생활에 도움을 주고자 정의로운 행동을 했던 전우치는 정당한 행위를 했습니다.

## 2 배심원의 판단

나는 전우치가 ( 무죄 , 유죄 )라고 생각합니다. 왜냐하면 _____

## 3 현명한 판사의 판결

**공무원자격사칭죄**
공무원의 자격을 사칭해 권한을 행사하는 범죄를 말해요. 경찰관인 척하면서 남을 체포하는 것이 여기에 해당되지요.

**공갈죄**
다른 사람을 힘으로 위협해서 재물이나 이익을 빼앗는 범죄를 말해요. 강도보다는 약한 행동이기는 하지만 그래도 엄연히 중범죄랍니다.

**도주죄**
법률에 의해 정당한 절차로 체포 또는 구금된 사람이 도망갔을 때 해당하는 범죄예요.

피고인 전우치의 말, 피해자 임금 및 조정 대신들의 말과 남은 황금 대들보 절반, 전우치에게 쌀을 받아 생활이 나아졌다는 백성들의 증언, 전우치가 도망갔다는 포졸들의 증언 등의 증거를 종합하면, 어지러운 조정과 벼슬아치들의 욕심에 화가 난 전우치가 옥황상제의 명령이라며 황금 대들보를 빼앗은 뒤 그것을 팔아 백성들에게 식량을 나눠 준 사실과 포졸들에게 붙잡힌 뒤 도술을 부려 도망친 사실이 인정된다.

전우치가 임금에게 전한 옥황상제의 명령은 황당하기는 하지만 바로 거짓임을 판단하기에 힘든 점이 있었으므로 공무를 수행하는 옥황상제의 사신을 사칭한 전우치의 행동은 공무원자격사칭죄에 해당하기에 충분하다.

또한 옥황상제의 명령에 따르지 않으면 인간 세상을 쑥대밭으로 만들겠다고 한 전우치의 말은 임금에게 두려움을 주기에 충분했으므로 공갈죄가 성립한다.

마지막으로 전우치는 임금의 명령에 따라 군사들에게 체포된 사실이 있기 때문에 함부로 도망을 가면 도주죄가 성립한다. 비록 전우치의 행동이 백성들을 위한 것이었다고는 하나, 뛰어난 도술을 이용한 다른 방법으로 충분히 백성들을 도울 수 있었기 때문에 정당화될 수 없다.

**하지만 전우치가 본래 백성을 위하는 착한 사람이고, 이번이 처음으로 죄를 저지른 것임을 감안해 「형법」 제118조, 제145조, 제350조에 근거하여 징역 3년을 선고하되 「형법」 제62조에 따라 그 집행을 5년간 미루도록 한다. 집행이 미루어진 기간 중에는 봉사 활동을 하도록 사회봉사명령을 내린다. 한편 황금 대들보를 팔아 산 쌀은 백성들에게 되돌려 받지 않고 전우치가 열심히 일해 갚도록 한다.**

**관련 법률**

「형법」
제118조(공무원자격의 사칭) 공무원의 자격을 사칭하여 그 직권을 행사한 자는 3년 이하의 징역 또는 700만 원 이하의 벌금에 처한다.
제145조(도주) ① 법률에 의하여 체포 또는 구금된 자가 도주한 때에는 1년 이하의 징역에 처한다.
제350조(공갈) ① 사람을 공갈하여 재물의 교부를 받거나 재산상의 이익을 취득한 자는 10년 이하의 징역 또는 2천만 원 이하의 벌금에 처한다.
제62조(집행유예의 요건) ① 3년 이하의 징역 또는 금고의 형을 선고할 경우에 제51조의 사항을 참작하여 그 정상에 참작할 만한 사유가 있는 때에는 1년 이상 5년 이하의 기간 형의 집행을 유예할 수 있다.

# 없는 죄를 지어내 이순신에게 백의종군을 시킨 원균은 죄가 있을까?

지금부터 사건번호 2014도220의 모의재판을 시작하겠습니다. 원균은 일본과의 전쟁에서 연전연승하며 승승장구하는 이순신을 시기해 임금에게 모함했습니다. 그 결과 이순신은 관직을 빼앗기고 백의종군을 해야 했습니다. 이에 검사는 원균을 무고죄와 거짓보고죄로 기소했습니다. 배심원 여러분은 이 경우 어떠한 판결을 내리시겠습니까? 그러면 사건번호 2014도220의 올바른 판결을 위해 사건의 내용을 알아보도록 하겠습니다.

1592년 4월, 일본은 조선을 침략했습니다. 조선의 땅을 거쳐 명나라를 치러 가겠다는 일본의 무리한 요구 때문에 벌어진 전쟁이었습니다. 침략을 강행한 왜군은 부산진과 동래성을 함락시켰지만 바다에서는 거북선을 앞세운 이순신에게 막혀 고전을 면치 못하고 있었습니다. 육지 곳곳에서 일어난 의병들도 왜군과 맞서 용감히 싸웠습니다. 그 뒤 명나라까지 전쟁에 참여하면서 불리해진 왜군은 공격을 잠시 멈췄습니다.

1597년 조선의 조정에 중요한 정보가 하나가 들어왔습니다.

"전하, 지금 왜군의 가토 장군이 7천 명의 군사를 거느리고 대마도에 도착했다고 합니다. 이는 순풍이 불면 곧바로 조선으로 쳐들어오려는 음모가 아닌가 합니다."

대마도는 조선과 가까이에 있는 섬이었습니다. 바람의 방향만 맞는다면 대마도에서 부산으로 쳐들어오는 것은 시간 문제였습니다.

조선의 왕인 선조는 이 정보를 듣고 급하게 대책을 논의했습니다. 사실 이 정보는 일본이 퍼뜨린 거짓말이었습니다. 거짓 정보를 믿은 선조가 이순신에게 전쟁을 준비시키면 다른 방법으로 우리나라를 침략하려고 한 것이지요. 왜군의 예상대로 이 정보를 들은 선조는 바로 이순신을 떠올렸습니다.

"삼도 수군통제사인 이순신으로 하여금 가토의 군사들이 바다를 건널 때를 노려 공격하도록 하라."

선조는 바다에서 이름을 날리고 있는 이순신에게 기대를 걸었습니다. 그렇지만 이순신은 이 정보를 순순히 믿지 않았습니다.

"많은 군선을 이끌고 바다로 나가면 작전이 노출될 테고, 적은 군선으로 나가면 또 포위당할 위험이 있으니 이를 어찌하면 좋을까?"

선조의 명령에 이순신은 한참을 고민했습니다. 그리고 망망대해에서 적군을 기다리는 것은 매우 위험한 일이라고 판단하고는 부산으로 후퇴해 버렸습니다. 하지만 이 소식을 들은 신하들은 선조를 부추겼습니다. 이들은 전쟁 중에 큰 공을 많이 세운 이순신을 시샘하는 무리들이었습니다.

"이순신이 왜군과의 전쟁이 두려워 부산으로 도망쳤다고 합니다."

이 일로 선조는 불같이 화를 냈습니다. 용감하게 왜군을 무찔러 줄 것이라고 생각했던 이순신에게 배신감과 실망감을 느꼈기 때문입니다.

"이 참에 이순신을 삼도 수군통제사 자리에서 끌어내립시다."

이순신과 사이가 좋지 않았던 원균은 그 무리에 앞장서서 이순신을 모함했습니다.

"전하, 이순신이 부산 앞바다에 나아갔을 때 왜군에게 배를 빼앗길 뻔했던 것을 다행히 근처에 있던 다른 배가 구출했다고 하옵니다. 우리 조선의 용맹함을 보이기는커녕 도망을 쳐서 왜군들의 웃음거리가 되고 말았습니다. 이순신이 일본과의 전쟁이 무서워 또 출격을 거부하고 있으니, 마땅히 파직하고 명령 불복종으로 처벌함이 옳다고 생각되옵니다."

이순신에게 크게 실망한 선조가 이윽고 명령을 내렸습니다.

"어서 이순신을 한양으로 압송하라."

1597년 3월 4일, 이순신은 한양에 도착했습니다. 지혜롭게 왜군의 계략에 넘어가지 않고 우리 군사와 배를 지켜냈건만 이순신을 기다리는 것은 모진 고문과 조정 신하들의 손가락질뿐이었습니다. 이순신에 이어 새로 수군통제사가 된 원균은 선조에게 거짓 보고를 올렸습니다.

"전하, 이순신의 불찰로 귀중한 무기와 식량이 불에 타 큰 피해를 입었습니다."

"내 명령을 어긴 것도 모자라 무기와 식량까지 잃었단 말이냐?"

선조는 몹시 화가 나 이순신을 감옥에 가두어 버렸습니다.

한편 조정에는 이순신을 지지하는 신하들도 많이 있었습니다. 그들은 이순신의 공적을 높이 헤아려 고문을 중지하고 목숨만은 살려 달라고 선조에게 애원했습니다.

"이순신의 죄는 몹시 크지만 전쟁 중에 세운 공적을 감안해 목숨만은 살려 주겠노라."

1597년 4월 1일, 이순신은 27일간의 옥살이를 끝내고 풀려났습니다. 하지만 선조는 이순신에게 죄를 용서해 주는 조건으로 백의종군을 명령했습니다. 이것은 이순신에게 아무런 벼슬 없이 가장 낮은 병사로 전쟁에 참여하라는 명령이었습니다. 삼도 수군통제사의 자리에 있던 이순신에게 백의종군은 참으로 치욕스러운 명령이었습니다. 이순신은 몹시 참담했지만 마음을 다잡았습니다.

'목숨을 걸고 왜군과 싸웠건만 이런 대접을 받다니……'

# 원균은 죄가 있을까?

지금부터 사건번호 2014도220, 임금의 총애를 한 몸에 받던 이순신을 거짓으로 모함한 원균에 대한 판결을 내리겠습니다.

## 1 참가자의 한마디 & 최후 진술

**피해자 이순신**: 원균은 아무 죄도 없는 저를 모함하고 관직을 빼앗았습니다.

### 유죄입니다 (검사)

존경하는 재판장님.
원균의 모함으로 영웅 이순신은 죄인이 되어 옥에 갇히고 벼슬도 빼앗겼습니다. 원균을 무고죄와 거짓보고죄로 엄벌해 주십시오.

1. 이순신과 사이가 좋지 않았던 원균의 모함으로 이순신은 감옥에 갇혔을 뿐 아니라 벼슬까지 빼앗겼습니다. 원균의 행동은 무고죄에 해당합니다.
2. 수군통제사에 부임한 이후 이순신과 관련된 거짓 보고를 올린 원균의 행동은 거짓보고죄에 해당합니다.

**피고인 원균**: 이순신은 여러 차례 임금님의 명령을 어겼으니 벌을 받는 것이 마땅합니다.

### 무죄입니다 (변호사)

존경하는 재판장님.
원균은 무죄입니다.

1. 원균은 이순신을 모함하려 한 것이 아니라 같은 장수로서 이순신의 불복종 행동을 비판한 것입니다. 따라서 무고죄는 성립하지 않습니다.
2. 신임 수군통제사로서 일부 무기와 식량이 없다는 사실을 보고하는 과정에서 약간의 과장은 있었으나 거짓으로 보고를 한 것은 아닙니다.
3. 원균은 현재 수군통제사로서 왜군과 치열한 전투 중에 있으므로 죄가 있다 하더라도 처벌해서는 안 됩니다.

## 2 배심원의 판단

나는 원균이 ( 무죄 , 유죄 )라고 생각합니다. 왜냐하면 _____

_____

## 3 현명한 판사의 판결

**무고죄**
거짓으로 다른 사람을 모함해서 형사처벌을 받도록 했을 때 성립하는 범죄예요.

**거짓보고죄**
군인이 군대에 관한 일을 거짓으로 보고하여 올리는 것으로서 군형법에서는 그 형이 꽤 높답니다.

**사형**
우리나라 법에서 정한 가장 가혹한 형벌이에요. 사람을 교수형(목매달아 죽이는 형벌)하게 되는데, 15년 전부터는 집행되고 있지 않아요.

　　피고인 원균의 말, 피해자 이순신의 말과 이순신이 가토의 진격을 막지 않았다는 기록, 원균의 상소 내용이 적힌 조정 회의록의 일부, 통제영 창고에 불이 나지 않았다는 사실확인서, 통제영 화재를 보고하는 원균의 상소문 등의 증거를 종합하면, 원균은 이순신이 일본군을 공격하지 않고 도망쳤으며 이순신의 불찰로 통제영 창고에 불이 나서 식량과 무기가 일부 없어졌다고 거짓 모함을 해서 이순신으로 하여금 감옥에 갇히고 벼슬도 빼앗기게 하는 등 많은 피해를 준 사실이 인정된다.
　　이순신이 왜군과의 전쟁이 무서워 임금님의 명령을 따르지 않았다는 원균의 말은 장수로서 의견을 말한 것이 아니라 목적을 가지고 거짓으로 이순신을 모함한 말이다. 이 말 때문에 이순신이 처벌을 받고 벼슬에서 쫓겨났으므로 원균의 행동은 무고죄가 성립한다.
　　또한 신임 수군통제사가 된 원균은 예전에 창고에 불이 난 적이 없는데도 이순신이 관리를 소홀히 하여 화재가 발생했다는 거짓 보고를 올렸다. 이것은 「군형법」이 금지하는 거짓보고죄로서, 전쟁 때에는 더욱 위험한 범죄라고 판단된다.
　　**따라서 「형법」 제156조, 「군형법」 제38조에 근거하여 피고인 원균에게 법정 최고형인 사형을 선고한다. 그러나 현재 전황이 급박하므로 원균을 한양으로 압송한 후 일본과의 전쟁이 정리되는 대로 교수형하는 방식으로 사형을 집행하도록 한다. 한편 선조는 원균의 간계에 속아 이순신을 파직한 것이므로 이순신을 다시 삼도 수군통제사로 복직시켜 왜군을 막도록 하여야 한다.**

### 관련 법률

「형법」 제156조(무고) 타인으로 하여금 형사처분 또는 징계처분을 받게 할 목적으로 공무소 또는 공무원에 대하여 허위의 사실을 신고한 자는 10년 이하의 징역 또는 1천 500만 원 이하의 벌금에 처한다.
「군형법」 제38조(거짓 명령, 통보, 보고) ① 군사에 관하여 거짓 명령, 통보 또는 보고를 한 사람은 다음 각 호의 구분에 따라 처벌한다. 1. 적전인 경우: 사형, 무기 또는 5년 이상의 징역 2. 전시, 사변 시 또는 계엄지역인 경우: 7년 이하의 징역 3. 그 밖의 경우: 1년 이하의 징역 ② 군사에 관한 명령, 통보 또는 보고를 할 의무가 있는 사람이 제1항의 죄를 범한 경우에는 제1항 각 호에서 정한 형의 2분의 1까지 가중한다.

# 양반전

## 빚을 대신 갚아 주고 양반의 신분을 산 부자는 죄가 있을까?

지금부터 사건번호 2014도221의 모의재판을 시작하겠습니다. 부자는 신분 제도가 엄격히 지켜지던 조선 시대에 양반의 빚을 대신 갚아 주고 양반의 신분을 샀습니다. 이는 오늘날 가족관계등록부와 주민등록증을 마음대로 고친 것과 같은 행위로, 검사는 부자를 공정증서원본불실기재죄, 불실기재공정증서원본행사죄, 공문서위조죄, 위조공문서행사죄로 기소했습니다. 배심원 여러분은 이 경우 어떠한 판결을 내리시겠습니까? 그러면 사건번호 2014도221의 올바른 판결을 위해 사건의 내용을 알아보도록 하겠습니다.

강원도 정선에 한 양반이 살고 있었습니다. 그 양반은 성품이 어질고 학식이 뛰어나 주위에 소문이 자자했습니다. 하지만 벼슬에 뜻이 없다 보니 살림은 날로 어려워졌고 결국 대대로 물려받은 농토까지 모두 날렸습니다. 그래도 양반 체면에 장사를 할 수도 없고 품을 팔 수도 없어 관가에서 쌀을 꾸어다 먹었습니다. 빌린 쌀은 산더미처럼 늘어났습니다. 그러던 어느 날, 강원도 관찰사가 정선에 순찰을 왔다가 곡식을 관리하는 장부를 보고 크게 화를 냈습니다.

"어느 양반이 관가의 곡식을 이렇게 많이 가져다 먹고 갚지도 않는단 말인가? 그 양반을 당장 잡아다 가두어라!"

관찰사의 명령을 전해 들은 양반은 한숨을 쉬고 또 쉬었습니다.

'꼼짝없이 잡혀 가게 생겼구나. 양반 체면에 무슨 망신이란 말인가?'

한편 양반이 사는 고을 건너편에 큰 부자가 살고 있었습니다. 부자는 열심히 일하고 무엇이든 아껴 썼기에 큰 재산을 모을 수 있었습니다. 하지만 족보가 없는 평민의 신분이라 사람들에게 존경을 받지 못했습니다.

"양반들은 아무리 가난해도 높은 대접을 받던데, 돈이 많으면 뭐하나? 사람대접도 제대로 못 받으니……."

부자의 말에 부자의 아들이 고개를 끄덕이며 말했습니다.

"맞아요. 신분이 낮은 탓에 우리 집 외양간에 있는 말도 타고 다닐 수가 없어요."

아내도 한숨을 쉬며 말했습니다.

"자손 대대로 천한 신분으로 살아야 하다니 속상해 죽겠어요."

그때 부자가 목소리를 낮추어 가난한 양반 이야기를 꺼냈습니다.

"관가에서 꾼 곡식을 갚지 못해 옥살이를 해야 하는 양반이 있다고 하던데 내가 그 빚을 대신 갚아 주고 양반 신분을 사면 어떻겠느냐?"

부자의 가족들은 그 말에 모두 좋아라 했습니다.

다음 날 부자는 날이 밝기가 무섭게 집을 나섰습니다. 이제 곧 양반이 되어 사람들이 자신을 우러러볼 모습을 상상하자 부자는 기분이 무척 좋아졌습니다. 부자를 배웅하는 아들 역시 말을 타고 달리는 자신의 모습을 상상하니 웃음이 절로 나왔습니다.

"아버지, 조심히 다녀오세요. 양반 신분을 꼭 사 오셔야 합니다."

이윽고 부자가 양반의 집에 도착했습니다. 옷차림은 부자가 훨씬 더 좋앉지만 신분이 낮은 탓에 양반에게 허리를 굽혀 인사를 해야 했습니다.

"나리께서 요즘 어려움을 겪고 계시다는 소문을 듣고 찾아왔습니다."

그 말을 들은 양반은 땅이 꺼져라 깊은 한숨을 내쉬었습니다.

"그렇다네. 관가에서 빌린 곡식을 갚지 못하면 옥살이를 해야 한다네. 양반 체면에 도둑질을 할 수도 없고……."

부자는 빙긋 웃으며 자신이 고민을 해결해 주겠다고 나섰습니다.

"저는 가진 것은 많으나 신분이 낮아 늘 업신여김을 받아 왔습니다. 그래서 말인데, 제가 나리의 빚을 갚아 드리는 대신 제게 양반 신분을 파시면 어떻겠습니까?"

양반은 곰곰이 생각에 잠겼습니다. 이윽고 양반이 입을 열었습니다.

"좋네. 양반 체면에 나랏돈을 안 갚을 수는 없지. 자네가 내 빚을 갚아 준다면 자네에게 양반 신분을 팔도록 하지."

부자는 기쁜 마음에 부자에게 큰절을 올렸습니다.
그 길로 관아에 가서 양반의 빚을 모두 갚은
부자는 양반에게 다시 부탁을 했습니다.

"나리, 이왕 양반을 파시기로 하셨으니 족보와 호적도 바꾸어 주십시오. 그래야 제 자손들도 대대로 양반이 될 게 아닙니까?"

며칠 뒤 부자와 양반은 종친회를 통해 족보를 바꾸고 거짓으로 이름을 바꾼 후 관아에 호적을 신고했습니다. 관아에서 나오자마자 부자는 들고 다니던 호패를 꺼내 양반이라고 마음대로 써 넣었습니다. 양반이 되었다는 사실에 마냥 신이 난 부자는 양반에게 받은 족보를 소중하게 품고 양반이라고 쓰인 호패를 달랑달랑 흔들며 집으로 돌아갔습니다. 그 뒤 부자는 본격적으로 양반으로 살기 시작했습니다.

한편 양반이 꾸어 간 곡식을 모두 갚았다는 소식에 군수는 양반이 뻔한 형편에 어떻게 빚을 갚았는지 궁금했습니다. 양반의 집을 찾아간 군수는 벙거지를 쓰고 잠방이를 입은 양반을 보고 깜짝 놀랐습니다. 그런데 양반은 한 술 더 떠 군수를 보자 넙죽 엎드려 절까지 했습니다.

"아니, 왜 이런 꼴로 계십니까?"

군수가 깜짝 놀라며 묻자 양반은 고개를 조아리며 대답했습니다.

"사실은 소인이 관가에 곡식을 갚느라 양반의 신분을 팔았습니다. 이제 건넛마을 부자가 양반입니다."

그 말을 들은 군수는 양반과 부사 그리고 고을 사람들을 관아로 불러 모았습니다.

"두 사람 마음대로 양반의 신분을 사고팔았다고?"

군수의 호통에 양반과 부자는 몸이 움츠러들었습니다.

# 부자는 죄가 있을까?

지금부터 사건번호 2014도221, 양반의 빚을 대신 갚아 주고 양반의 신분을 산 부자에 대한 판결을 내리겠습니다.

## 1 참가자의 한마디 & 최후 진술

**피해자 양반**: 제 빚을 갚아 주는 대신 양반 신분을 팔라고 하는데 어쩔 도리가 없었습니다.

### 유죄입니다 (검사)

존경하는 재판장님.
신분을 마음대로 바꾸는 것은 국가의 질서를 어지럽히는 범죄이므로 중벌에 처해야 합니다.

① 부자가 양반의 족보와 호적(지금의 가족관계등록부)을 돈으로 사서 양반인 것처럼 꾸민 것은 공정증서원본불실기재죄가 두 번 성립합니다. 게다가 그것을 활용한 것은 불실기재공정증서원본행사죄에 해당합니다.

② 부자가 호패(지금의 주민등록증)에 마음대로 양반이라고 써 넣은 것은 공문서를 위조하여 함부로 사용한 행위이므로 공문서위조죄와 위조공문서행사죄에 해당합니다.

**피고인 부자**: 관가에 끌려갈 위기에 처한 가난한 양반을 도와주고 신분을 산 것뿐입니다.

### 무죄입니다 (변호사)

존경하는 재판장님.
부자는 단지 가난한 양반이 자신의 양반 신분을 팔겠다고 하여 동정심에 사 준 것뿐이므로 무죄입니다.

① 공정 증서인 호적을 바꾼 것에 대한 잘못은 시인합니다만, 족보는 공정 증서가 아니므로 공정증서원본불실기재죄는 한 번만 성립합니다.

② 호패는 부자 개인의 것이므로 양반임을 마음대로 표시했다고 해서 공문서를 위조한 것으로 볼 수 없습니다.

③ 부자가 신분을 사는 과정이 합법적이지 않았다 해도 종친회의 허락을 받고 한 일이므로 부자는 무죄입니다.

## 2 배심원의 판단

나는 부자가 ( 무죄 , 유죄 )라고 생각합니다. 왜냐하면 _____

# 3 현명한 판사의 판결

**공정증서원본불실기재죄**
가족관계등록부나 등기부등본 같은 서류에 허위의 사실을 적을 경우 해당하는 범죄예요. 거짓으로 꾸민 서류를 활용하면 행사죄도 성립된답니다.

**공문서위조죄**
주민등록증, 운전면허증 같은 공적인 문서에 허위의 내용을 적거나 문서를 거짓으로 꾸미는 범죄를 말해요. 거짓으로 꾸민 서류를 활용하면 행사죄도 성립된답니다.

피고인 부자의 말, 피해자 양반의 말과 양반이 관아에 빚을 지고 있었다는 내용의 차용증서, 신분이 바뀐 부자의 호적과 호패, 부자의 이름이 기재된 족보, 양반이 빚을 다 갚았다는 차용금 영수증 등의 증거를 종합하면, 본디 평민이었던 부자가 양반이 진 빚을 대신 갚아 주고 양반의 신분을 사서 호적과 족보, 호패를 모두 양반으로 바꾼 사실이 인정된다.

부자가 자신의 호적과 호패를 양반이라고 고친 것은 아무런 권한도 없이 공문서에 거짓 사실을 쓴 것이므로 공정증서원본불실기재죄와 공문서위조죄가 성립한다. 또한 그렇게 거짓으로 꾸민 호적과 호패를 이용해 양반 행세를 했으므로 불실기재공정증서원본행사죄와 위조공문서행사죄도 성립한다. 양반종친회의 허락을 받았다고는 하나 종친회는 공문서를 고칠 수 있는 권한을 가진 기관이 아니므로 타당하지 않다. 다만 족보는 공문서가 아니므로 이 부분에 대한 혐의는 무죄이다.

신분을 마음대로 꾸미는 것은 누구나가 알고 있는 범죄이며 특히 돈으로 신분을 사고판 것은 엄연히 국법을 위반한 행동이므로 처벌할 필요성이 있다. 다만 이번이 처음 저지른 범죄인 점과 여러 가지 사정을 고려하여 바로 징역형을 집행하는 대신 벌금형을 내리고자 한다.

따라서 「형법」 제225조, 제228조, 제229조에 근거하여 피고인 부자를 징역 1년 및 벌금 1천 5백만 원에 처한다. 다만 징역형은 3년간 그 집행을 미루고 대신 준법 교육 300시간을 받도록 한다. 양쪽의 신분은 원래대로 돌려놓아야 하나 양반은 신분 판 값을 돌려주지 않아도 된다.

**관련 법률**

「형법」
**제225조(공문서등의 위조·변조)** 행사할 목적으로 공무원 또는 공무소의 문서 또는 도화를 위조 또는 변조한 자는 10년 이하의 징역에 처한다.
**제228조(공정 증서원본 등의 부실기재)** ① 공무원에 대하여 허위신고를 하여 공정 증서원본 또는 이와 동일한 전자기록등 특수매체기록에 부실의 사실을 기재 또는 기록하게 한 자는 5년 이하의 징역 또는 1천만 원 이하의 벌금에 처한다.
**제229조(위조등 공문서의 행사)** 제225조 내지 제228조의 죄에 의하여 만들어진 문서, 도화, 전자기록등 특수매체기록, 공정 증서원본, 면허증, 허가증, 등록증 또는 여권을 행사한 자는 그 각 죄에 정한 형에 처한다.

# 박씨 부인의 못생긴 얼굴은 이혼의 사유가 될까?

지금부터 사건번호 2014므222의 모의재판을 시작하겠습니다. 이번 사건은 형사사건이 아니고 가정사건을 재판하는 가사사건입니다. 원고인 이시백은 못생긴 아내와 더 이상은 같이 못 살겠다며 이혼 소송을 제기했습니다. 이에 박씨 부인은 이혼을 할 수 없다고 주장하고 있습니다. 배심원 여러분은 이 경우 어떠한 판결을 내리시겠습니까? 그러면 사건번호 2014므222의 올바른 판결을 위해 사건의 내용을 알아보도록 하겠습니다.

**조선** 인종 때 이득춘이라는 한 재상이 있었습니다. 그에게는 시백이라는 외아들이 있었는데, 한 가지를 배우면 열 가지를 터득하는 재주가 있는 인물이었습니다.

어느 날 이득춘이 사랑에 앉아 있는데 한 손님이 찾아왔습니다. 처음 보는 사람임에도 당당하게 마루로 올라와 이득춘과 만나기를 청하는 손님의 차림새는 초라해 보였지만 그 용모와 거동은 남달랐습니다.

'비록 옷차림은 초라하지만, 평범한 사람이 아니다.'

장기를 두며 손님과 대화를 나누던 이득춘은 문득 손님의 이름도 묻지 않았다는 사실을 깨달았습니다.

"손님은 어디에 사는 누구십니까?"

"저는 금강산에 사는 박처사라 합니다. 사실은 이 댁의 아드님이 훌륭하다는 소문을 듣고 만나고자 이렇게 찾아왔습니다."

이득춘은 곧 아들을 불러내어 박처사에게 인사를 시켰습니다.

"영특함이 빛나는 외모를 보니 장차 재상에 오를 인물입니다."

시백의 얼굴을 찬찬히 살펴보던 박처사의 칭찬에 이득춘은 몹시 기뻤습니다.

"제게도 딸이 하나 있는데 나이는 열여섯이고 재주와 덕이 남에게 뒤지지 않습니다. 아드님을 제 딸의 배필로 삼고 싶은데 허락해 주시겠습니까?"

박처사의 제안에 이득춘은 흔쾌히 승낙했습니다.

아득히 멀고 먼 금강산에서 혼례를 치르는 동안, 박처사는 신부의 얼굴을 얇은 비단 천으로 가리고 이득춘과 시백이 보지 못하도록 했습니다. 이득춘과 시백이 신부를 데리고 한양으로 떠나려 할 때 박처사는 시백에게 신신당부를 했습니다.

"밤이 될 때까지는 신부의 얼굴을 보면 안 되네."

이윽고 밤이 되었습니다. 시백은 고운 신부의 얼굴을 상상하며 기대에 부풀었습니다. 시백은 아버지와 함께 신부가 기다리고 있는 방으로 갔습니다. 방문을 열자 단정히 앉아 있는 신부의 모습이 보였습니다.

"갑갑할 텐데 어서 장옷을 벗으시오."

시백의 말에 신부는 뒤집어쓰고 있던 장옷을 벗었습니다. 이득춘과 시백 모두 신부의 얼굴을 처음으로 보는 순간이었습니다. 그런데 신부의 얼굴을 보는 순간 이득춘과 시백은 너무 놀라서 입을 다물지 못했습니다.

신부의 얼굴은 곰보에다가 이마는 좁고, 눈은 단춧구멍 마냥 작았으며, 코는 주먹코에 콧구멍이 들려 비라도 오면 빗물이 들어갈 것처럼 생겼던 것입니다. 차마 눈 뜨고 보기 흉한 모습이었습니다.

'박처사가 이 두 사람을 맺어준 데에는 분명 이유가 있을 거야.'

이득춘은 가까스로 정신을 차린 뒤 시백을 타일렀습니다.

"아무리 예쁜 여자라도 행실이 바르지 못하면 아무짝에도 쓸모가 없는 법이다. 비록 네 부인이 얼굴은 추하지만 덕이 있으니 마음으로 감싸고 사랑해 주도록 하여라."

시백은 아버지의 말씀이 옳다고 생각했지만 부인의 얼굴을 볼 때마다 끔찍한 생각이 들어 1년이 지나도록 신부의 방에는 얼씬도 하지 않았습니다. 시어머니인 강씨도 아들이 밖으로 겉도는 것은 며느리의 탓이라며 박씨 부인을 미워하고 함부로 대했습니다.

"집안에 운수가 안 좋아 저런 며느리를 들였구나. 아무짝에도 쓸모없는 저런 며느리에게는 쌀 한 톨도 아까우니 오늘 저녁부터는 밥도 조금씩 주어라."

강씨는 박씨 부인이 보기 싫어 없는 말도 지어 가며 이득춘에게 며느리의 흉을 보았습니다. 그럴 때마다 이득춘은 부인을 타일렀습니다.

"사람을 어찌 얼굴로만 판단한단 말이오? 부디 며느리를 구박하지 말고 아끼고 사랑해 주시오."

그러나 강씨는 며느리의 얼굴을 볼 때마다 정이 떨어졌습니다. 시백도 아버지의 말씀을 따르리라 결심했지만 막상 박씨 부인의 얼굴을 보면 겁이 나서 뒷걸음질로 도망쳐 나오기 일쑤였습니다.

"며느리는 내가 아끼는 사람이다. 그러니 네가 아내를 박대하는 것은 나를 박대하는 것과 다르지 않다."

이득춘이 몹시 야단을 쳤지만 시백의 행동은 고쳐지지 않았습니다. 강씨와 시백이 박씨 부인을 구박하며 험담을 하자 집에 찾아오는 친척들도 박씨 부인을 썩 좋아하지 않았습니다. 박씨 부인의 눈에서는 눈물이 마를 날이 없었습니다.

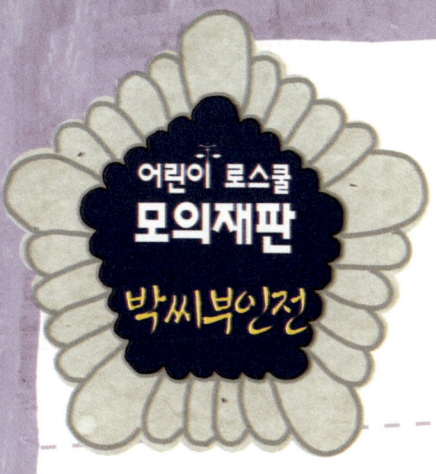

# 못생긴 얼굴은 이혼의 이유가 될까?

지금부터 사건번호 2014므222, 못생긴 부인과 더 이상 살 수 없다며 이혼을 신청한 이시백과 이혼을 원하지 않는 박씨 부인에 대한 판결을 내리겠습니다.

## 1 참가자의 한마디 & 최후 진술

**원고 이시백**: 저는 더 이상 못생긴 부인과 함께 살 수가 없습니다.

### 이혼해야 합니다 (이혼해 변호사)

존경하는 재판장님.
이시백은 부인의 얼굴도 모르고 결혼을 한 뒤 현재 매우 불행한 삶을 살고 있습니다. 이에 혼인취소 또는 이혼을 요구합니다.

① 이시백은 부인이 못생겼다는 걸 알았다면 애초에 결혼을 하지 않았을 겁니다. 혼인을 취소해 주십시오.
② 혼인취소가 안 된다면, 이혼을 요구합니다. 조선에서는 아이를 낳지 못하면 이혼이 가능합니다. 또 대한민국 「민법」에 따르더라도 두 사람은 성격 차이가 커서 혼인 생활을 유지하기 어렵습니다.
③ 이시백은 이 결혼으로 오히려 손해를 본 사람이기 때문에 이혼에 따른 위자료는 한 푼도 줄 수 없습니다.

**피고 박씨 부인**: 얼굴이 못생겼다는 이유만으로 이혼할 수는 없습니다.

### 이혼은 안됩니다 (나화목 변호사)

존경하는 재판장님.
박씨 부인은 무척 억울해하고 있으며 이혼할 생각이 전혀 없습니다.

① 박씨 부인은 비록 미모는 조금 떨어지지만 젊고 건강하며 인품과 능력이 뛰어난 재원입니다. 그러므로 외모만으로 이혼을 요구하는 것은 문제가 있으며 혼인한 지 1년이 넘었으므로 혼인취소는 안 됩니다.
② 박씨 부인이 아이를 낳지 못한 것은 박씨 부인의 잘못이 아니며 「민법」에 따르더라도 이혼할 만한 사유가 없습니다.
③ 박씨 부인은 이혼과 상관없이 자신에게 정신적인 고통을 준 남편 이시백과 시어머니 강씨에게 위자료를 청구합니다.

## 2 배심원의 판단

이시백과 박씨 부인은 ( 이혼 가능 , 이혼 불가 )합니다. 왜냐하면 _____

## 3 현명한 판사의 판결

원고 이시백과 피고 박씨 부인의 말, 두 사람의 혼인관계증명서, 증인 이득춘, 강씨 부인, 박처사의 증언, 박씨 부인의 건강에 아무런 문제가 없다는 의사의 진단서, 이시백이 박씨 부인을 홀대하고 멀리했다는 하인들의 진술서 등의 증거를 종합하면, 아버지의 권유로 박씨 부인과 혼례를 올린 이시백이 얼굴이 못생겼다는 이유만으로 박씨 부인을 1년간 구박한 사실과 박씨 부인이 이러한 구박을 꿋꿋하게 인내하였다는 사실이 인정된다.

박씨 부인은 건강한 사람이며 두 사람이 혼인한 지는 1년이 넘었으므로 단지 미모가 뛰어나지 않다는 점 때문에 혼인 생활을 유지할 수 없다는 원고의 주장은 받아들이기 힘들다. 「민법」 제840조를 고려할 때 보통 가정 폭력이나 음주, 도박, 경제적 무능, 성격 차이, 불륜 등이 이혼의 사유가 될 수 있다. 그런데 박씨 부인에게는 이러한 사유가 전혀 없고, 아기를 낳지 못한 점 역시 박씨 부인의 잘못이 아니므로 박씨 부인이 혼인 관계를 유지할 마음이 있는 한, 이시백의 이혼 요구는 받아들이지 않는다.

따라서 「민법」 제816조에 근거하여 원고 이시백의 혼인취소 및 이혼에 관한 요청을 모두 기각한다. 한편 박씨 부인은 「민법」 제750조 및 제751조에 따라 시어머니와 남편을 상대로 정신적 고통에 대한 위자료를 청구했다. 그러나 박씨 부인의 정신적인 피해를 인정하고 이에 대해 배상 판결을 내릴 경우, 앞으로 두 사람이 행복한 가정 생활을 유지하는 데 방해가 될 수 있기 때문에 박씨 부인의 위자료 청구 부분도 기각한다.

### 결혼? 혼인?
민법에서는 결혼을 '혼인'이라고 해요. 민법에서는 혼인을 계약으로 보고 있으며 혼인 계약이 깨져서 헤어지는 것을 이혼이라고 해요.

### 혼인취소
속여서 결혼을 하거나 중대한 질병을 숨기고 결혼한 경우에는 혼인 자체를 아예 취소할 수 있어요. 다만 사유에 따라 3개월 또는 6개월 내에 해야 한답니다.

 관련 법률

「민법」
**제840조(재판상 이혼원인)** 부부의 일방은 다음 각호의 사유가 있는 경우에는 가정법원에 이혼을 청구할 수 있다.
2. 배우자가 악의로 다른 일방을 유기할 때
6. 기타 혼인을 계속하기 어려운 중대한 사유가 있을 때
**제816조(혼인취소의 사유)** 혼인은 다음 각 호의 어느 하나의 경우에는 법원에 그 취소를 청구할 수 있다.
2. 혼인 당시 당사자 일방에 부부생활을 계속할 수 없는 악질 기타 중대사유있음을 알지 못한 때
3. 사기 또는 강박으로 인하여 혼인의 의사표시를 한 때
**제750조(불법행위의 내용)** 고의 또는 과실로 인한 위법행위로 타인에게 손해를 가한 자는 그 손해를 배상할 책임이 있다.
**제751조(재산 이외의 손해의 배상)** ① 타인의 신체, 자유 또는 명예를 해하거나 기타 정신상고통을 가한 자는 재산 이외의 손해에 대하여도 배상할 책임이 있다.

# 왕비가 되기 위해 인현왕후를 저주한 장희빈은 죄가 있을까?

지금부터 사건번호 2014도223의 모의재판을 시작하겠습니다. 장희빈은 인현왕후를 모함해 중전의 자리를 빼앗은 것도 모자라 저주를 내려 인현왕후를 죽음에 이르게 했습니다. 이에 검사는 무고죄와 살인죄로 장희빈을 기소했습니다. 배심원 여러분은 이 경우 어떠한 판결을 내리시겠습니까? 그러면 사건번호 2014도223의 올바른 판결을 위해 사건의 내용을 알아보도록 하겠습니다.

1674년, 현종의 뒤를 이어 숙종이 왕위에 올랐습니다. 숙종은 왕이 되면서 전부터 사사건건 정치에 간섭해 온 남인 세력들을 멀리 하겠노라 생각했습니다. 그러던 차에 남인 출신 영의정인 허적의 아들이 나라에 큰 죄를 지었습니다. 숙종은 이를 빌미로 삼아 조정에서 남인 세력을 모두 몰아냈습니다. 남인들이 물러나자 자연스럽게 서인들이 정치에 참여하게 되었습니다. 여기서 남인과 서인은 모두 정치 세력을 일컫는 말이랍니다.

그 뒤 숙종은 서인 세력 중 한 사람인 민유중의 딸을 중전으로 맞아들였습니다. 중전이 된 인현왕후는 성품이 온화하고 행실이 바른 사람이었습니다. 왕실 어른들께 도리를 다하고 왕을 잘 모셨으므로 주위에서 칭찬이 자자했습니다. 인현왕후가 들어온 이후 왕실은 평탄해졌지만 왕후에게 아이가 들어서지 않아 모두들 크게 걱정을 했습니다.

그러던 어느 날, 숙종은 궁궐을 거닐다가 아름다운 궁녀를 보았습니다.

"네 이름이 무엇이냐? 어디 머무는 궁녀더냐?"

숙종이 첫눈에 반한 그 궁녀의 이름은 장옥정이었습니다. 숙종은 장옥정을 후궁으로 삼고 몹시 아꼈습니다. 그리고 얼마 후 장옥정은 숙종의 아기를 낳았습니다. 오랫동안 자식이 없던 숙종은 아기가 태어나자 크게 기뻐했습니다.

"이 아이를 원자로 삼고, 아이의 어미는 희빈으로 봉하노라."

원자란 임금의 맏아들이라는 뜻으로, 임금의 자리를 이어받을 가능성이 가장 컸습니다. 인현왕후는 그 소식에 몹시 슬펐지만 내색하지 않고 오히려 장희빈을 찾아가 축하해 주었습니다.

"내가 못한 일을 그대가 해 주었으니 참으로 고맙네."

아들이 장차 왕위에 오를 것이라고 생각한 장희빈은 교만한 태도로 인현왕후에게 말했습니다.

"이 몸은 이 나라 왕자의 어미입니다. 그러니 중전께서도 그에 걸맞은 대우를 해 주십시오."

인현왕후는 입술이 파르르 떨릴 만큼 분했지만 왕실에서 소란을 피울 수는 없어 조용히 자리를 피했습니다. 장희빈의 아들을 원자로 삼겠다는 숙종의 뜻은 강경했지만 이에 반대하는 신하들도 많았습니다.

"후궁의 아기를 원자로 삼을 수는 없습니다."

"아직 인현왕후께서 젊으시니 조금만 더 기다려 보심이 어떠실지……."

하지만 숙종은 신하들의 말을 무시하고 자신의 뜻대로 했습니다. 그러고는 인현왕후가 이 모든 일을 시킨 것은 아닌가 하고 의심하기까지 했습니다.

한편 장희빈의 욕심은 날이 갈수록 커져만 갔습니다. 없는 말로 인현왕후의 흠집을 만들어 숙종에게 일러바치기도 했습니다. 어느 날 숙종은 장희빈이 슬피 우는 모습을 보았습니다. 깜짝 놀란 숙종이 장희빈에게 우는 까닭을 물었습니다.

"중전 마마께서 새로 태어난 왕자를 죽이겠다고 하셨습니다. 전하, 무섭사옵니다."

원자에 대해 각별한 사랑을 품고 있던 숙종은 몹시 화가 났습니다. 인현왕후가 질투를 하는 것이라고 생각했기 때문입니다.

또 하루는 장희빈이 아프다는 소식에 숙종이 허둥지둥 달려왔습니다.

"희빈, 어디가 아픈 것이오?"

걱정스러운 표정으로 묻는 숙종에게 장희빈은 눈물을 흘리며 말했습니다.

"중전 마마께서 저에게 저주를 내렸다고 합니다. 그래서인지 몸이 좋지 않아 이렇게 누워 있사옵니다."

장희빈의 거짓말에 속은 숙종은 인현왕후를 중전의 자리에서 내쫓고 그 자리에 장희빈을 앉혔습니다. 하지만 장희빈의 행복은 길지 않았습니다. 몇 년 뒤 숙종이 온화한 성품의 인현왕후를 그리워하다가 다시 중전의 자리에 앉혔기 때문입니다. 다시 희빈이 되던 날 장희빈은 펑펑 울면서 복수를 다짐했습니다.

'인현왕후만 없다면 중전의 자리는 다시 내 것이 될 거야. 절대로 양보할

수 없어.'

 장희빈은 인현왕후를 없애기 위해 계획을 짰습니다. 인현왕후의 얼굴을 크게 그려 놓고 그곳에 화살을 쏘는가 하면 궁궐에 무당을 불러 신당을 차려 놓고 인현왕후에게 저주를 내리기도 했습니다. 또 저주 건 옷을 인현왕후에게 선물하고, 허수아비에 인현왕후의 이름을 써 놓은 뒤 바늘로 여기저기를 꽂았습니다. 심지어는 저주 내린 물건을 중전이 머무는 건물에 몰래 묻어 놓기까지 했습니다. 장희빈의 저주 탓인지 얼마 뒤 인현왕후는 시름시름 앓아 누웠습니다. 의원들은 이름 모를 병이라며 하나같이 고개를 저었습니다. 그리고 결국 인현왕후는 세상을 떠나고 말았습니다.

## 장희빈은 죄가 있을까?

지금부터 사건번호 2014도223, 중전의 자리를 빼앗기 위해 인현왕후를 저주한 장희빈에 대한 판결을 내리겠습니다.

### 1 참가자의 한마디&최후 진술

피해자 **숙종**: 장희빈은 인현왕후를 모함해 중전의 자리를 빼앗고 저주까지 내렸습니다.

#### 유죄입니다 (검사)

존경하는 재판장님.
중전의 자리를 빼앗기 위해 무고죄와 살인죄를 저지른 장희빈에게 법정 최고형인 사형을 구형해 주십시오.

① 장희빈은 중전이 원자를 죽이려 한다는 헛소문을 지어내 인현왕후가 폐위되도록 만들었습니다. 이는 무고죄에 해당합니다.
② 저주, 굿 등의 온갖 요사스런 행동으로 인현왕후의 건강을 해치고 결국 인현왕후를 죽음에 이르게 한 장희빈의 행동은 살인죄가 성립합니다.

피고인 **장희빈**: 인현왕후는 병에 걸려 돌아가신 것뿐입니다. 저는 억울합니다.

#### 무죄입니다 (변호사)

존경하는 재판장님.
장희빈은 스스로의 노력으로 중전이 된 것이지 빼앗은 것이 아닙니다. 또 인현왕후는 병에 걸려 죽은 것일 뿐, 장희빈과 무관합니다.

① 인현왕후는 시샘을 부려 왕의 명령에 따라 정당하게 폐위된 것이므로 장희빈에게 무고죄는 성립하지 않습니다.
② 장희빈은 인현왕후의 건강과 조정의 안정을 위해 굿을 한 것입니다. 장희빈이 저주를 내려 인현왕후가 죽었다는 증거가 없을 뿐만 아니라 직접적인 상관관계도 없습니다. 인현왕후의 죽음을 장희빈의 행동과 연관 짓는 것은 상식에 어긋납니다.

### 2 배심원의 판단

나는 장희빈이 ( 무죄 , 유죄 )라고 생각합니다. 왜냐하면 _____

## 3 현명한 판사의 판결

**무고죄**
거짓으로 다른 사람을 모함해서 형사처벌을 받도록 했을 때 성립하는 범죄예요.

**살인죄**
사람을 살해하는 범죄로 그 행동과 결과에 인과 관계가 있어야 해요. 그래서 주문으로 사람을 죽이려는 행동은 살인죄가 성립되지 않는답니다.

**불능범**
범죄의 목적이 있고 범죄행동을 하는 것처럼 보이지만 애초부터 가능하지 않은 것은 범죄가 안 된답니다. 설탕을 먹여 독살하려 한다거나 물총으로 사람을 죽이려는 행동이 바로 불능범에 해당돼요.

피고인 장희빈의 말, 피해자 숙종의 말과 증인 조정 대신들의 증언과 인현왕후가 원인 모를 병으로 급사했다는 의사의 진단서, 수차례 굿판을 벌이고 인현왕후를 저주했음을 고백한 무당의 증언, 장희빈의 침소에서 발견된 바늘 박힌 허수아비 등의 증거를 종합하면, 중전이 되고 싶었던 장희빈의 모함으로 인현왕후가 폐위되었다는 사실과 인현왕후가 다시 궁궐로 돌아오자 장희빈이 무당을 불러 인현왕후를 저주했다는 사실 그리고 인현왕후가 원인 모를 질병으로 사망했다는 사실이 인정된다.

숙종에게 인현왕후가 하지도 않은 일을 거짓으로 고한 장희빈의 행위는 인현왕후가 폐위되는 데 직접적인 원인을 제공하였으므로 무고죄에 해당된다.

그러나 장희빈이 허수아비에 바늘을 꽂고 굿판을 벌인 것은 인현왕후의 죽음에 직접적인 계기가 되었다고 볼 수 없다. 사회·과학적으로 인과관계가 없는 행동이기 때문이다. 다른 증거가 없는 한 살인죄는 무죄이나 장희빈의 모함에 의해 인현왕후가 폐위와 복위를 반복하고 그 스트레스로 인해 일찍 죽은 것이라면 장희빈의 행동은 민법상 불법행위가 되기에 충분하다.

따라서 「형법」 제156조에 근거하여 피고인 장희빈을 징역 10년에 처하되, 「형사소송법」 제325조에 따라 살인죄는 무죄를 선고한다. 또 「민법」 제750조 이하에 따라 장희빈은 피해자인 인현왕후의 유족들에게 위자료 1억 원을 배상하고 「민법」 제764조에 따라 인현왕후의 명예를 회복시키기 위해 노력할 것을 명하는 바이다.

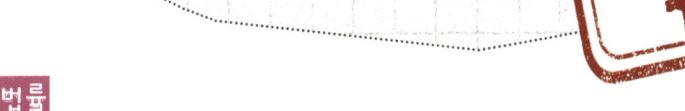

「형법」 제156조(무고) 타인으로 하여금 형사처분 또는 징계처분을 받게 할 목적으로 공무소 또는 공무원에 대하여 허위의 사실을 신고한 자는 10년 이하의 징역 또는 1천 500만 원 이하의 벌금에 처한다.
「형사소송법」 제325조(무죄의 판결) 피고사건이 범죄로 되지 아니하거나 범죄사실의 증명이 없는 때에는 판결로써 무죄를 선고하여야 한다.
「민법」 제750조(불법행위의 내용) 고의 또는 과실로 인한 위법행위로 타인에게 손해를 가한 자는 그 손해를 배상할 책임이 있다.
「민법」 제764조(명예훼손의 경우의 특칙) 타인의 명예를 훼손한 자에 대하여는 법원은 피해자의 청구에 의하여 손해배상에 가름하거나 손해배상과 함께 명예회복에 적당한 처분을 명할 수 있다.

# 사씨와 유한림을 모함한 교씨와 동청은 죄가 있을까?

지금부터 사건번호 2014도224의 모의재판을 시작하겠습니다. 유한림의 두 번째 부인인 교씨는 동청과 작당해 사씨를 내쫓고 유한림을 귀양가도록 만들었습니다. 이에 검사는 특수절도죄(합동절도죄)와 비밀침해죄, 무고죄 등으로 교씨와 동청을 기소했습니다. 배심원 여러분들은 이 경우 어떠한 판결을 내리시겠습니까? 그러면 사건번호 2014도224의 올바른 판결을 위해 사건의 내용을 알아보도록 하겠습니다.

옛날 명나라에 유한림이라는 사람이 부인 사씨와 함께 행복하게 살고 있었습니다. 사씨는 용모도 아름다웠지만 성품 또한 어질고 현명했습니다. 하지만 혼인한 지 10년이 넘도록 아이가 없어 늘 쓸쓸해했습니다. 사씨는 집안의 대를 잇기 위해 유한림에게 둘째 부인을 얻어 주었습니다. 둘째 부인으로 들어온 교씨는 용모는 아름다웠지만 시기심이 강하고 교활한 여자였습니다. 교씨는 혼인한 지 얼마 안 되어 아기를 가졌고 건강한 아들을 낳았습니다. 유한림은 크게 기뻐하며 아이의 이름을 장주라고 지었습니다. 사씨는 비록 자신이 낳은 아이는 아니었지만 장주를 무척 귀하게 여겼습니다.

두 명의 부인이 함께 살았지만 유한림의 집은 화목했습니다. 교씨는 유한림과 사씨를 늘 웃는 얼굴로 대했습니다. 그렇지만 사실 교씨는 사씨에 대한 미움과 질투로 속이 부글부글 끓고 있었습니다. 자신이 아들을 낳았음에도 유한림이 사씨를 더 믿고 아꼈기 때문입니다.

"장주가 숨도 못 쉬고 헛소리만 하고 있어요."

하루는 장주가 많이 아파서 의원을 불렀습니다. 의원은 장주의 맥을 짚더니 고개를 흔들며 말했습니다.

"이 아이는 몸에 병이 난 것이 아닙니다. 누군가 아이에게 저주를 건 것 같습니다."

의원의 말에 유한림이 집을 샅샅이 뒤졌고 부엌 아궁이에서 흙으로 만든 인형을 발견했습니다. 인형을 받아 든 유한림은 깜짝 놀랐습니다. 사씨의 글씨가 새겨진 인형은 목에 줄을 칭칭 두르고 있었습니다.

'어진 줄 알았던 사씨가 이런 짓을 하다니……'

교씨의 계략인 줄은 꿈에도 모르고 유한림은 사씨를 의심하기 시작했습니다. 그즈음 유한림의 집에 집안일을 도와줄 사람이 새로 필요하게 되었습니다. 마침 유한림의 친구가 나라의 명으로 멀리 떠나면서 자신의 심복인 동청을 소개해 주었습니다. 동청은 일도 재빠르게 잘하고 유한림의 비위도 잘 맞췄습니다. 하지만 동청은 교활하기가 교씨에 못지않은 사람이었습니다. 동청과 교씨는 못된 계략을 짜는 데 마음이 잘 맞았습니다. 그리고 얼마 후 시간이 지나자 부부처럼 가까워지게 되었습니다. 교씨와 동청은 사씨를 먼저 없앤 후, 유한림마저 없앨 계획을 세웠습니다.

어느 날, 산동 지방으로 시찰을 나간 유한림이 늦은 저녁을 먹기 위해 주막에 들렀습니다. 그런데 옆에 앉은 젊은이의 옷고름에 달린 가락지가 유난히 눈에 익었습니다.

'아니, 저것은 우리 어머니가 사씨에게 준 옥가락지인데……'

궁금함을 참지 못한 유한림이 젊은이에게 옥가락지에 얽힌 사연을 물었습니다. 사랑하는 여인이 준 옥가락지라는 젊은이의 말에 몹시 화가 난 유한림은 집에 돌아오자마자 사씨에게 옥가락지가 어디에 있는지 물었습니다. 하지만 사씨가 아무리 찾아도 옥가락지는 눈에 띄지 않았습니다.

"옥가락지가 대체 어디에 있을까요?"

사씨는 소중하게 여기던 옥가락지가 없어져 무척이나 속상했습니다.

"혹시 다른 사람을 마음에 품고 그 옥가락지를 선물로 준 것은 아니오?"

유한림의 말에 사씨는 아니라고 대답했지만 유한림은 믿지 않았습니다.

사실은 교씨와 동청이 사씨의 옥가락지를 훔친 뒤 동네 젊은이에게 시켜 유한림 앞에서 연극을 하도록 한 것이었습니다. 하지만 이 사실을 모르는 유한림은 사씨를 친정으로 돌려보냈습니다. 사씨는 억울했지만 진실을 밝힐 길이 없어 하염없이 울며 친정으로 갔습니다. 교씨와 동청은 기뻐하며 하루빨리 유한림마저 없애기로 했습니다.

당시 조정에 엄숭이라는 간신이 있었는데 그는 임금의 총애를 등에 업고 온갖 횡포를 휘둘렀습니다. 이에 신하들이 몇 번이나 엄숭을 조정에서 몰아내려고 상소를 올렸지만 임금은 오히려 상소를 올린 자들에게 벌을 내렸습니다. 유한림도 엄숭을 몰아내라는 상소문을 써 놓고 차마 올리지 못한 채 보관하고 있던 중이었습니다.

밀봉된 유한림의 상소문을 찾아 낸 교씨와 동청은 뜯어서 읽은 뒤 그것을 이용하기로 마음먹었습니다. 동청은 훔친 상소문을 들고 엄숭의 집으로 직접 찾아갔습니다.

"저는 유한림 댁의 집사인 동청이라 하옵니다. 우연히 서재를 정리하다가 반역을 꾀하는 상소문을 발견하여 나리께 가지고 왔습니다."

동청이 내민 상소문을 보고 엄숭은 파르르 몸을 떨었습니다. 엄숭은 유한림의 상소문 일부를 임금께 보여 주면서 간청했습니다.

"유한림이 반역을 꾀하고 있으니 파직하고 귀양을 보내야 합니다."

영문도 모른 채 귀양 길에 오른 유한림은 동청이 엄숭의 부하가 된 것을 보고 그제야 모든 사실을 알아챘습니다.

'내가 어리석어 사씨를 내쫓고 오늘날 이 신세가 되었구나.'

## 교씨와 동청은 죄가 있을까?

지금부터 사건번호 2014도224, 사씨를 모함해 집에서 내쫓고 유한림을 귀양가게 만든 교씨와 동청에 대한 판결을 내리겠습니다.

### 1 참가자의 한마디&최후 진술

옥가락지와 상소문을 훔쳐 저희를 모함한 교씨와 동청을 엄벌에 처해 주십시오.

#### 유죄입니다 (검사)

존경하는 재판장님.
유한림과 사씨를 내쫓기 위해 특수절도죄와 비밀침해죄, 무고죄를 저지른 교씨와 동청을 엄벌에 처해 주십시오.

① 교씨와 동청은 사씨의 옥가락지를 훔치고, 또다시 유한림의 상소문을 훔쳐 두 개의 특수절도죄를 저실렀습니다.
② 유한림의 상소문은 비밀문서이므로, 권한 없이 그것을 읽은 교씨와 동청의 행동은 비밀침해죄에 해당합니다.
③ 교씨와 동청은 사씨를 모함하고 유한림을 모함해 두 번의 무고죄를 저질렀습니다.

없어진 줄도 모를 만큼 귀중한 물건도 아니었고, 곧 제자리에 두었습니다.

#### 무죄입니다 (변호사)

존경하는 재판장님.
교씨와 동청은 무죄입니다.

① 교씨와 동청이 비록 사씨의 옥가락지와 유한림의 상소문을 몰래 꺼내기는 했지만 잠시 빌렸다가 제자리에 갓디 놓았으므로 무죄입니다.
② 유한림의 상소문은 본디 임금께 전달하기 위해 쓴 글입니다. 결국 상소문이 임금께 전달이 되었으므로 유한림은 비밀침해죄의 피해자가 아닙니다.
③ 교씨와 동청은 사씨와 유한림에 대해 있는 사실 그대로를 말하였을 뿐 거짓된 내용으로 모함한 적이 없으므로 무죄입니다.

### 2 배심원의 판단

나는 교씨와 동청이 ( 무죄 , 유죄 )이라고 생각합니다. 왜냐하면

## 3 현명한 판사의 판결

피고인 교씨 및 동청의 말, 피해자 유한림 및 사씨의 말, 사씨의 옥가락지로 연기한 동네 젊은이의 진술서, 밀봉이 뜯긴 유한림의 상소문 등의 증거를 종합하면, 교씨와 동청이 사씨의 옥가락지와 유한림의 상소문을 훔친 뒤, 사씨와 유한림을 모함한 사실이 인정된다.

교씨와 동청은 사씨의 옥가락지와 유한림의 상소문을 주인의 허락 없이 몰래 훔쳐 냈기 때문에 특수절도죄가 성립한다. 비록 나중에 물건을 제자리에 갖다 놓았다 하더라도 범죄 사실은 변하지 않는다.

임금에게 올리려고 쓴 상소문은 유한림의 비밀문서에 해당한다. 그러므로 유한림의 허락 없이 그것을 개봉해 내용을 확인한 교씨와 동청은 비밀침해죄가 성립한다.

또 교씨와 동청은 유한림이 반역을 꾀하고 있다는 거짓말을 해 유한림으로 하여금 파직당하고 귀양 가도록 했다. 이는 무고죄에 해당한다. 다만 사씨가 다른 남자에게 옥가락지를 주었다며 유한림에게 거짓 사실을 알려 사씨가 집에서 쫓겨나게 한 부분에 대해서는 사씨에 대한 명예훼손은 인정되지만 무고죄는 성립하지 않는다.

따라서 「형법」 제156조, 제331조, 제316조에 근거하여 무고죄, 특수절도죄, 비밀침해죄를 저지른 피고인 교씨와 동청에게 각각 징역 10년씩을 선고하는 바이다.

**특수절도죄**
두 명 이상이 서로 합동해 다른 사람의 재물을 훔치는 범죄예요. 칼이나 흉기를 들고 절도하는 경우에도 특수절도죄라고 해요.

**무고죄**
거짓으로 다른 사람을 모함해서 형사처벌을 받도록 했을 때 성립하는 범죄예요.

### 관련 법률

「형법」
제156조(무고) 타인으로 하여금 형사처분 또는 징계처분을 받게 할 목적으로 공무소 또는 공무원에 대하여 허위의 사실을 신고한 자는 10년 이하의 징역 또는 1천 500만 원 이하의 벌금에 처한다.
제331조(특수절도) ① 야간에 문호 또는 장벽 기타 건조물의 일부를 손괴하고 전조의 장소에 침입하여 타인의 재물을 절취한 자는 1년 이상 10년 이하의 징역에 처한다.
② 흉기를 휴대하거나 2인 이상이 합동하여 타인의 재물을 절취한 자도 전항의 형과 같다.
제316조(비밀침해) ① 봉함 기타 비밀장치한 사람의 편지, 문서 또는 도화를 개봉한 자는 3년 이하의 징역이나 금고 또는 500만 원 이하의 벌금에 처한다.

# 남의 집에 들어가 배도를 엿본 주생은 죄가 있을까?

지금부터 사건번호 2014도225의 모의재판을 시작하겠습니다. 주생은 외출하는 배도를 미행하고 남의 집에 들어가 안을 엿보았습니다. 이에 검사는 비밀침해죄와 주거침입죄로 주생을 기소했습니다. 배심원 여러분은 이 경우 어떠한 판결을 내리시겠습니까? 그러면 사건번호 2014도225의 올바른 판결을 위해 사건의 내용을 알아보도록 하겠습니다.

넓디넓은 중국, 어느 마을에 주생이라는 사람이 살고 있었습니다. 어렸을 때부터 총명하다는 소리를 많이 들으며 큰 주생은 자신의 재주와 학문이 남에게 뒤지지 않는다고 생각했습니다. 일찍부터 학문에 취미를 붙였던 주생이었기에 과거는 단번에 급제할 것이라고 여겼습니다. 그런데 어찌된 일인지 주생은 과거에서 낙방했고 쓸쓸히 고향으로 돌아오고 말았습니다. 그 뒤로도 과거를 칠 때마다 번번이 낙방했습니다.

"인생이란 뜻대로 되는 것이 아니구나. 헛된 욕심에 사로잡혀 있느니 내 갈 길이나 찾는 것이 낫겠다."

주생은 과거에 대한 미련을 접고 가진 돈을 모아 배를 한 척 샀습니다.

배를 사고 남은 돈으로는 물건도 샀습니다. 배를 타고 자유롭게 여행 다니며 장사를 할 생각이었지요.

아침에는 오나라, 저녁에는 초나라를 다닐 만큼 주생은 쉴 새 없이 돌아다녔습니다. 장사를 시작한 후 하는 일마다 성공했습니다. 이곳에서 장사를 해도, 저곳에서 장사를 해도 주생이 내다 파는 물건은 큰 이익을 남겼습니다. 하지만 바쁘게 장사를 하느라 가정을 꾸리지 못한 주생은 나이가 들수록 외로웠습니다.

하루는 주생이 오랜만에 악양에 사는 친구인 나생을 찾아갔습니다. 두 사람은 밤늦도록 술을 마시며 어린 시절 이야기를 했습니다. 술이 거나하게 취한 주생은 배로 돌아와 잠에 곯아떨어졌습니다. 그느라 배가 엉뚱한 방향으로 가고 있는 줄도 몰랐습니다.

아침이 되어 눈을 떠 보니 주생은 낯선 곳에 도착해 있었습니다. 그곳은 전당이라고 불리는 곳이었는데 왠지 주생이 어린 시절을 보낸 고향처럼 보였습니다. 주생은 전당의 풍경에 이끌려 이곳저곳을 구경하다 배도라는 기생을 만났습니다. 주생이 가만 보니 배도는 자신의 소꿉친구였습니다. 배도는 전당에서 배랑이라고 불리고 있었습니다. '배랑'은 그 여자를 존경한다는 뜻이었지요.

어린 시절의 모습만 기억하고 있던 주생에게 배도는 어여쁜 여인의 모습으로 다가왔습니다. 가뜩이나 외로웠던 주생은 배도를 만나 단숨에 사랑에 빠졌습니다. 나긋나긋하게 말하는 목소리며, 거문고를 타는 솜씨, 단정한 옷매무새까지 주생은 배도의 모든 것이 마음에 들었습니다.

'이것이 바로 천생연분이겠지.'

주생은 배도를 볼 때마다 흐뭇한 미소가 절로 나왔습니다.

어느 날, 밤이 깊어 배도의 집을 찾은 주생은 우연히 시문이 가득 걸린 방을 지나가게 되었습니다. 호기심으로 방에 들어간 주생은 시문을 읽다가 어린 종에게 물었습니다.

"이 시들은 누가 지은 것이냐?"

어린 종은 배도가 지은 시라고 말했습니다. 주생은 시문에도 능한 배도가 더욱 좋아졌습니다.

'배도와 시에 관한 이야기도 할 수 있겠구나. 우린 정말 천생연분이야.'

그런데 배도에 대한 마음이 커질수록 주생의 마음 한편에는 배도가 다른 남자를 만나면 어쩌나 하는 근심이 자라나기 시작했습니다.

며칠 뒤 배도가 주생을 남기고 혼자 외출을 했습니다.

"어디를 가는 길이오?"

"강변에 노 승상 댁이라고 붉은 대문 집이 있습니다. 노 승상 댁 부인께서 부르시니 잠시 나갔다 오겠습니다."

배도가 나가자 주생은 질투심이 나서 방 안을 서성거렸습니다.

'정말 노 승상 댁 부인을 만나러 가는 걸까? 남자를 만나면 어떡하지? 그래, 이렇게 안절부절 못 하니 차라리 배도를 따라가자.'

주생이 부리나케 대문 밖으로 나왔지만 이미 배도의 모습은 보이지 않았습니다.

그러나 배도가 말한 강변의 붉은 대문 집은 쉽게 찾을 수 있었습니다. 마침 대문은 활짝 열려 있었습니다. 배도와 달리 초대를 받지 못한 주생은 선뜻 집 안으로 들어갈 수가 없었습니다.

'배도가 이 집에 간다고 했는데……. 대문이 열려 있으니 살짝 들어가 볼까?'

잠시 망설이던 주생은 주인의 허락도 없이 노 승상 댁 마당으로 숨어들었습니다. 나무 그늘에 몸을 숨기고 찬찬히 살펴보니 사랑방에 노 승상 댁 부인과 함께 있는 배도가 보였습니다. 그제야 주생은 안심을 하며 한숨을 쉬었습니다.

# 주생은 죄가 있을까?

지금부터 사건번호 2014도225, 연인인 배도를 미행하고 노 승상 댁에 몰래 침입한 주생에 대한 판결을 내리겠습니다.

## 1 참가자의 한마디 & 최후 진술

증인 노 승상 댁 부인: 모르는 사람이 불쑥 우리 집으로 들어와 깜짝 놀라고 무서웠습니다.

피고인 주생: 저는 단지 배도를 보러 갔을 뿐입니다.

### 유죄입니다 (검사)

존경하는 재판장님.
배도에 대한 의심으로 인해 비밀침해죄와 주거침입죄를 저지른 주생을 엄벌에 처해 주십시오.

1. 배도가 혼자 다른 집에 가는 것을 알고 미행해 그 비밀을 캐내려 한 주생의 행동은 비밀침해죄에 해당합니다.
2. 주생이 집 주인인 노 승상의 허락도 받지 않고 몰래 그의 집에 들어간 것은 주거침입죄에 해당합니다.

### 무죄입니다 (변호사)

존경하는 재판장님.
주생은 무죄입니다.

1. 비밀침해죄는 다른 사람의 문서나 편지 같은 것을 몰래 뜯어서 읽어 보는 범죄이기 때문에 단지 미행한 것만으로는 비밀침해죄가 성립하지 않습니다.
2. 주거침입죄는 주거의 평온을 깨뜨리는 행동을 했을 때 해당되는 범죄로, 주생은 노 승상의 집에 몰래 들어가긴 했지만 조용히 있었으므로 무죄입니다.
3. 주생에게 범죄 행위가 있었다 하더라도 주생이 연인을 아끼는 마음에서 저지른 일이니 이는 정당행위에 해당합니다. 따라서 무죄입니다.

## 2 배심원의 판단

나는 주생이 ( 무죄 , 유죄 )라고 생각합니다. 왜냐하면 _____

## 3 현명한 판사의 판결

**비밀침해죄**
다른 사람의 문서나 편지 같은 것을 함부로 열어서 내용을 보면 비밀침해죄가 된답니다. 남의 이메일을 해킹하는 것도 마찬가지예요.

**주거침입죄**
다른 사람의 주거에 허락 없이 들어가서 주거의 평온을 해치는 범죄예요. 대법원 판례에서는 얼굴만 들이민 것도 주거침입죄로 인정한 사례가 있어요.

피고인 주생의 말, 증인 배도 및 노 승상 댁 부인의 증언, 주생이 배도를 미행하는 장면을 본 목격자의 진술서 등의 증거를 종합하면, 주생이 연인인 배도를 몰래 미행하다가 허락도 없이 노 승상의 집에 들어갔음이 인정된다.

비밀침해죄는 다른 사람의 문서를 몰래 읽는 행동에 대한 범죄이므로 주생이 배도를 미행한 것으로는 비밀침해죄가 성립하지 않는다. 다만 「경범죄처벌법」에서 미행하면서 불안감을 만드는 행동에 대해 처벌하고 있으나, 본 사건은 「형법」 제316조의 비밀침해죄만으로 기소되었으므로 무죄이다.

주생은 열려 있던 대문으로 조용히 들어갔으므로 무죄라고 주장하지만, 권한 없이 남의 집에 들어가서 주거의 평온을 방해할 우려가 있다면 「형법」 제319조의 주거침입죄가 성립한다. 다만 연인인 배도를 보기 위한 목적 외에 다른 의도가 없고, 노 승상 댁 부인과 배도가 너그러이 이해하고 용서한 것으로 보아 주생의 행동은 「형법」 제20조의 정당행위에 해당하므로 주거침입죄는 무죄이다.

따라서 「형법」 제20조, 「형사소송법」 제325조에 따라 피고인 주생은 무죄이다. 다만 배도와 노 승상 댁 부인이 주생의 돌발 행동으로 크게 놀랐으므로 그에 대한 회복을 위해 노력하여야 할 것이다.

### 관련 법률

「**형법**」 제316조(비밀침해) ① 봉함 기타 비밀장치한 사람의 편지, 문서 또는 도화를 개봉한 자는 3년 이하의 징역이나 금고 또는 500만 원 이하의 벌금에 처한다.
「**형법**」 제319조(주거침입) ① 사람의 주거, 관리하는 건조물, 선박이나 항공기 또는 점유하는 방실에 침입한 자는 3년 이하의 징역 또는 500만 원 이하의 벌금에 처한다.
「**형법**」 제20조(정당행위) 법령에 의한 행위 또는 업무로 인한 행위 기타 사회상규에 위배되지 아니하는 행위는 벌하지 아니한다.
「**형사소송법**」 제325조(무죄의 판결) 피고사건이 범죄로 되지 아니하거나 범죄사실의 증명이 없는 때에는 판결로써 무죄를 선고하여야 한다.

# 호동을 위해 자명고와 자명각을 부순 낙랑 공주는 죄가 있을까?

지금부터 사건번호 2014도226의 모의재판을 시작하겠습니다. 낙랑국의 낙랑 공주는 연인이자 고구려의 왕자인 호동과의 혼인을 위해 낙랑국의 보물인 자명고와 자명각을 손상시켰습니다. 이에 검사는 여적죄와 공용물파괴죄로 낙랑 공주를 기소했습니다. 배심원 여러분은 이 경우 어떠한 판결을 내리시겠습니까? 그러면 사건번호 2014도226의 올바른 판결을 위해 사건의 내용을 알아보도록 하겠습니다.

고구려의 3대 왕인 대무신왕에게는 호동이라는 왕자가 있었습니다. 호동은 얼굴이 잘생기고 총명해 주위에서 많은 사랑을 받았습니다.

호동은 호기심이 많아 여기저기로 여행 다니기를 즐겼습니다. 그날도 발길이 닿는 대로 길을 가다 보니 어느새 이웃 나라인 낙랑국이었습니다.

"차림새가 훌륭한 걸 보니 혹시 고구려의 왕자가 아니십니까?"

낙랑국을 지나던 중 어느 노인이 말을 걸었습니다. 그 노인은 낙랑국의 왕인 최리였습니다. 최리는 호동의 늠름하고 듬직한 모습을 보자 자신의 딸이 떠올랐습니다. 딸과 맺어 주고 싶은 마음에 최리는 호동을 집으로 초대했습니다.

최리의 집에 들어선 호동은 낙랑 공주를 보고 한눈에 반했습니다.

'참으로 어여쁜 아가씨군!'

'어머! 어쩜 저렇게 늠름할까?'

낙랑 공주도 호동을 보며 얼굴을 붉혔습니다. 최리는 두 사람의 모습에 마냥 흐뭇했습니다. 호동은 한동안 최리의 집에 머물며 낙랑 공주와 시간을 보냈습니다. 호동은 낙랑 공주와 떨어지기 싫었지만 마냥 낙랑국에 머물 수는 없었습니다.

"내 고구려로 돌아가서 아바마마께 결혼 승낙을 받아올 테니 조금만 기다려 주오."

"그럼 왕자님만 믿고 기다리겠습니다."

호동은 낙랑 공주와 눈물로 이별을 하고 고구려로 돌아갔습니다. 호동은 아버지인 대무신왕에게 낙랑 공주와 혼인하고 싶다는 말을 했습니다. 그런데 대무신왕은 호동의 기대와 전혀 다른 말을 했습니다.

"원래 낙랑국은 우리의 영토였다. 그러니 그 땅을 반드시 찾아야 한다. 그런데 낙랑국에는 자명고와 자명각이 있어 그동안 쳐들어갈 수가 없었다. 그러니 낙랑 공주더러 그것들을 없애라고 하거라. 그러면 둘의 혼인을 허락할 것이다."

자명고와 자명각은 적군이 쳐들어가면 저절로 울리는 북과 나팔이었습니다. 자명고와 자명각은 이웃 나라들이 함부로 낙랑국을 침범하지 못하게 막아 주는 낙랑국의 보물이었습니다.

호동은 대무신왕의 말을 듣고 망설였지만 낙랑 공주와 혼인하고픈 마음에 편지를 써서 낙랑국으로 보냈습니다.

'아버지께서 우리의 결혼을 허락하셨소. 하지만 그 전에 당신이 해야 할 일이 있소. 낙랑국의 무기고에 있는 자명고와 자명각을 없애 주시오. 그러면 우리 왕궁에서는 예를 갖춰 당신을 맞이할 것이오. 우리가 결혼하기 위해서는 어쩔 수 없는 선택이니 부디 내 부탁을 들어 주시오.'

낙랑 공주는 호동이 보낸 편지를 몇 번이나 읽었습니다. 그러나 선뜻 결정할 수 있는 일이 아니었습니다. 자명고와 자명각을 없애면 낙랑국은 고구려의 공격을 이기지 못하고 멸망할 것이 뻔했습니다. 낙랑 공주의 고민을 알 리 없는 최리는 날마다 딸에게 혼인 소식을 물었습니다.

"고구려에서는 혼인 허락이 떨어졌느냐? 네가 만약 호동과 혼인을 하면 분명히 우리 낙랑국에 대한 감시가 소홀해질 게다. 그러면 그때 고구려로

쳐들어가 낙랑국의 영토를 넓힐 수 있을 게야."

최리도 대무신왕처럼 다른 속셈이 있었던 것이었습니다. 낙랑 공주는 호동을 따를까, 아버지를 따를까 갈등했습니다.

'사랑하는 호동 왕자님을 위해 고구려 편에 서자. 고구려는 우리 낙랑보다 더 강한 나라야. 이까짓 북과 나팔이 아니더라도 마음만 먹으면 언제든 쳐들어올 수 있는 나라라고!'

낙랑 공주는 밤에 몰래 일어나 무기고로 가서 자명고를 찢은 후 자명각마저 부쉈습니다. 그리고는 이 사실을 호동에게 알렸습니다.

이제나저제나 호동을 기다리던 낙랑 공주는 어느 날 밤, 큰 함성 소리에 잠에서 깼습니다. 고구려군이 쳐들어온 것이었습니다.

"어찌하여 자명고와 자명각이 울리지 않은 것이냐?"

무기고에 들어간 최리는 망가진 자명고와 자명각을 보고 깜짝 놀랐습니다. 그리고 곧 낙랑 공주가 한 일이라는 것을 눈치챘습니다. 최리는 나라를 버린 딸에게 몹시 화가 났습니다. 최리는 칼을 뽑으며 군사들에게 소리쳤습니다.

"당장 낙랑 공주를 데려오거라! 내 손으로 직접 벌을 내릴 것이다."

# 낙랑 공주는 죄가 있을까?

지금부터 사건번호 2014도226, 낙랑국의 보물인 자명고와 자명각을 망가뜨린 낙랑 공주에 대한 판결을 내리겠습니다.

## 1 참가자의 한마디 & 최후 진술

**피해자 최리**: 자신의 사랑을 이루자고 조국을 배신한 낙랑 공주를 용서할 수가 없습니다.

### 유죄입니다 (검사)

존경하는 재판장님.
자명고와 자명각을 망가뜨린 낙랑 공주 때문에 나라가 멸망할 지경에 이르렀습니다. 자신이 낙랑국의 공주임을 잊고 고구려 편에 선 낙랑 공주를 여적죄와 공용물파괴죄로 엄벌해 주십시오.

① 낙랑 공주는 적국인 고구려의 왕자, 호동과 합세해 조국에 대항했으므로 여적죄가 성립합니다.
② 낙랑 공주는 공용물인 자명고와 자명각을 부숴 그 쓰임을 못하게 했으므로 공용물파괴죄가 성립합니다.

**피고인 낙랑공주**: 낙랑은 작고 약했으므로 언제든 고구려의 공격에 멸망했을 겁니다.

### 무죄입니다 (변호사)

존경하는 재판장님.
낙랑 공주는 억울합니다.

① 고구려가 낙랑국의 적국이라는 사실이 명확하지 않으므로 여적죄는 성립하지 않습니다.
② 자명고와 자명각을 손상시킨 것은 낙랑 공주의 자의로 한 것이 아니라 호동의 지시에 따라 강요된 행위였으므로 무죄입니다.
③ 낙랑 공주의 행위는 사랑하는 연인을 위한 정당행위로서 무죄입니다.
④ 낙랑 공주는 낙랑국을 정복한 나라인 고구려의 왕으로부터 모든 죄를 사면받았으므로 재판을 받을 필요가 없습니다.

## 2 배심원의 판단

나는 낙랑 공주가 ( 무죄 , 유죄 )라고 생각합니다. 왜냐하면 _____

## 3 현명한 판사의 판결

**여적죄**
적국을 도와서 우리나라를 배신하는 범죄예요. 최근 우리나라의 한 정치인이 이 죄에 연루된 적이 있었지요.

**공용물파괴죄**
공용으로 쓰는 물건을 망가뜨리는 범죄를 말해요.

**강요된 행위**
범죄처럼 보여도 그것을 강요받아서 어쩔 수 없이 행동한 거라면 무죄라서 책임을 지지 않아도 돼요.

  피고인 낙랑 공주의 말, 피해자 최리의 말과 증인 호동 왕자의 증언, 낙랑 공주가 부순 자명고와 자명각, 낙랑 공주에게 보낸 호동의 편지, 낙랑 공주가 자명고와 자명각을 손상시키는 장면이 담긴 CCTV 동영상 등의 증거를 종합하면, 낙랑 공주와 호동이 서로 사랑하는 사이라는 사실과 낙랑 공주가 호동의 지시에 따라 낙랑국의 보물인 자명고와 자명각을 부수고 호동을 도운 사실이 인정된다.

  여적죄는 적국과 합세하여 조국을 배신하는 범죄이다. 군사를 보내 낙랑국을 공격한 고구려는 낙랑국의 적국이므로 호동을 도운 낙랑 공주는 여적죄가 성립한다.

  또한 낙랑 공주는 낙랑국에서 공적으로 쓰이는 자명고와 자명각을 망가뜨렸다. 이는 공용물파괴죄에 해당하는 행위로, 누군가의 명령 또는 부탁을 받았다고 하더라도 스스로 판단하여 한 행동이므로 「형법」 제12조에 따른 강요된 행위가 아니며 본인이 책임을 져야 한다.

  **비록 낙랑 공주가 고구려를 도운 공로로 고구려의 왕으로부터 모든 죄를 사면받기는 했으나 아직 낙랑국이 멸망하기 전이며, 낙랑 공주의 행동으로 인해 낙랑국이 큰 위기에 빠졌으므로 본 재판부는 「형법」 제93조 및 제141조에 근거하여 피고인 낙랑 공주에게 법정 최고형인 사형을 선고한다.**

「형법」
**제12조(강요된 행위)** 저항할 수 없는 폭력이나 자기 또는 친족의 생명, 신체에 대한 위해를 방어할 방법이 없는 협박에 의하여 강요된 행위는 벌하지 아니한다.
**제93조(여적)** 적국과 합세하여 대한민국에 항적한 자는 사형에 처한다.
**제141조(공용물의 파괴)** ① 공무소에서 사용하는 서류 기타 물건 또는 전자기록등 특수매체기록을 손상 또는 은닉하거나 기타 방법으로 그 효용을 해한 자는 7년 이하의 징역 또는 1천만 원 이하의 벌금에 처한다.

# 최척전

## 남장을 하고 다른 사람들을 속인 옥영은 죄가 있을까?

지금부터 사건번호 2014도227의 모의재판을 시작하겠습니다. 옥영은 여자임에도 불구하고 남장을 하여 사람들의 눈을 속였습니다. 이에 검사는 옥영을 사기죄로 기소했습니다. 배심원 여러분은 이 경우 어떠한 판결을 내리시겠습니까? 그러면 사건번호 2014도227의 올바른 판결을 위해 사건의 내용을 알아보도록 하겠습니다.

**전라도** 남원 땅에 최척이라는 한 소년이 살았습니다. 최척은 일찍이 어머니를 여의고 집도 가난했지만, 학문을 게을리해서는 안 된다는 아버지의 말씀에 따라 정상사 밑에서 글을 배웠습니다.

그러던 어느 날, 최척은 정상사의 조카인 옥영에게 시가 적힌 쪽지를 받았습니다. 그 시는 청혼을 해 달라는 내용이었습니다. 아름다운 옥영의 모습이 떠오르자 최척은 얼굴이 붉어졌습니다.

그 뒤 최척과 옥영은 글을 주고받으며 서로에 대한 마음을 키워 갔습니다. 부모님의 반대와 전쟁으로 인해 어려움을 겪기도 했지만 서로에 대한 마음이 간절했던 두 사람은 결국 혼인을 했습니다.

옥영은 시집오자마자 소매를 걷어붙이고 억척스럽게 집안일을 했습니다. 베틀에 앉아 베를 짜고, 우물에서 물을 길어다 밥을 짓고, 절구질을 하면서 가족들을 살뜰히 챙겼습니다. 옥영의 부지런함 때문에 없는 살림이 조금씩 불어나기 시작했습니다. 몇 년 뒤 최척과 옥영 사이에 귀여운 아기가 태어났습니다. 나라가 전쟁 중이라 어수선했지만 최척의 집에서는 웃음이 떠나지 않았습니다.

어느 날 밤, 최척은 환한 보름달을 보며 퉁소를 불었습니다. 최척의 옆에서 행복한 얼굴로 퉁소 소리를 듣던 옥영은 시로 화답했습니다.

"그대 퉁소 소리 들리니, 달도 내려와 가만히 귀를 기울이네."

부부의 사랑은 날이 갈수록 깊어 갔지만 최척은 한편으로 불안한 생각이 들었습니다.

'달도 차면 기울어지는 법인데……. 이 행복을 계속 지킬 수 있을까?'

얼마 뒤 최척의 걱정처럼 불행이 찾아오고 말았습니다. 왜군이 최척의 마을까지 쳐들어온 것입니다. 최척의 가족은 집을 떠나 산속으로 피난을 가기로 했습니다.

"피난길에 무슨 일이 생길지 모르니 남장을 하는 것이 어떻소?"

옥영은 최척의 말에 남자 옷을 입었습니다. 피난길에서 옥영을 본 사람들은 모두 옥영을 남자라고 생각했습니다.

피난길은 생각보다 길어졌습니다. 늙으신 아버지에 장모, 어린아이까지 있는 최척의 가족은 식량이 떨어진 채 산속에 갇히고 말았습니다. 최척은 가족이 굶주리는 모습을 더 이상 참을 수가 없었습니다.

"언제까지 굶을 수는 없소. 내가 식량을 구해 오겠소."

위험하다고 말리는 옥영의 손을 뿌리친 최척은 마을로 내려갔습니다. 그런데 최척이 마을로 내려간 사이 최척의 가족이 숨어 있던 산속까지 왜군이 들이닥쳤습니다.

"쉿! 모두 조용히 하세요. 왜군들이 쳐들어왔어요."

옥영은 가족들과 숨도 제대로 쉬지 않고 숨어 있었지만, 왜군들은 숨어 있던 사람들을 모두 찾아냈습니다. 왜군들은 사람들을 나루터로 끌고 가면서 걸음이 느리거나 다쳐서 잘 따라오지 못하는 사람은 무참하게 죽였습니다. 아수라장이 된 나루터에서 옥영은 가족들과 헤어지고 말았습니다. 옥영은 애타게 가족들을 찾았지만 끝내 왜나라에 끌려가게 되었습니다.

"젊은 여인은 저쪽 배에, 남자는 이쪽 배에 실어라!"

왜군들은 일본으로 돌아가 윗사람들에게 바치거나 하녀로 삼겠다며 젊은 여인들을 다른 배에 따로 실었습니다. 남장을 한 덕분에 옥영은 남자

들과 함께 배에 탔습니다.

　옥영이 탄 배에는 돈우라는 늙은 왜군이 있었는데 그는 불심이 깊고 온화한 성품을 가지고 있었습니다. 선장으로 조선에 왔던 돈우는 잡혀 온 포로들 중 몸집은 작아도 유난히 영리해 보이는 옥영의 처지를 가엾게 여겼습니다. 일본에 도착하자 돈우는 옥영을 자기 집으로 데려가 좋은 옷을 입히고 맛있는 음식을 주며 친절하게 대해 주었습니다.

　돈우는 원래 중국과 일본을 오가며 장사를 하는 사람이었습니다. 돈우를 따라 여기저기로 돌아다니다 보면 최척을 만나게 될지도 모른다고 생각한 옥영은 돈우에게 부탁했습니다.

　"저는 어렸을 때부터 몸이 약해 사내임에도 큰 힘은 쓰지 못합니다. 하지만 가벼운 일이라도 맡기시면 열심히 하겠습니다."

　돈우는 장사를 나갈 때마다 옥영을 데리고 다니며 잔심부름을 시켰습니다. 아들이 없던 돈우는 점차 옥영을 아들처럼 여겼습니다. 옥영은 자신을 살뜰히 챙기는 돈우를 속이는 것 같아 마음에 걸렸습니다.

　'나를 아들처럼 생각하는 돈우님께 내가 여자라고 솔직히 말하면 얼마나 실망하실까?'

　하지만 온통 사내들만 득실대는 장사판에서 일을 하기 위해서 옥영은 결국 입을 다물고 말았습니다.

　'우리나라도 아닌 낯선 곳에서 내가 여자라는 사실이 밝혀지면 무슨 일을 당할지 몰라. 서방님을 만날 때까진 지금처럼 남장을 하는 것이 좋겠어.'

# 옥영은 죄가 있을까?

지금부터 사건번호 2014도227, 자신이 여자임을 숨기고 남장을 해 다른 사람들을 속인 옥영에 대한 판결을 내리겠습니다.

## 1 참가자의 한마디 & 최후 진술

**피해자 돈우**: 옥영은 자기가 여자라는 사실을 속이고 남자인 척 행동했습니다. 속은 게 억울합니다.

### 유죄입니다 (검사)

존경하는 재판장님.
옥영은 오랜 기간 동안 다른 사람들을 속였습니다. 이것은 도덕적인 문제를 넘어서 사기죄에 해당하는 행동입니다.

① 옥영은 남장을 하고 다른 사람을 속여 자신의 이익을 챙기려고 했습니다. 실제로 돈우를 따라다니며 장사를 하기도 했습니다. 가족을 만나기 위해서라는 명분은 범죄의 성립에 아무런 영향을 미치지 않으므로 옥영을 엄벌에 처해야 합니다.

**피고인 옥영**: 저는 그저 살기 위해 남장을 했을 뿐입니다.

### 무죄입니다 (변호사)

존경하는 재판장님.
옥영은 무죄입니다.

① 옥영이 남장을 한 것은 장사를 하기 위함이 아니라 목숨을 보전하기 위함이었습니다. 장사 역시 돈우의 지시에 따라 곁에서 거든 것일 뿐, 사람들을 속여 돈을 벌려는 목적은 전혀 없었습니다.

② 설혹 남장을 한 것이 문제가 된다고 하더라도 뿔뿔이 흩어진 가족을 찾기 위해서는 어쩔 수 없는 선택이었습니다. 이것은 형법상 정당방위와 정당행위에 해당하므로 무죄입니다.

## 2 배심원의 판단

나는 옥영이 ( 무죄 , 유죄 )라고 생각합니다. 왜냐하면 _____

# 3 현명한 판사의 판결

**사기죄**
다른 사람을 속이고 재산상의 이익을 얻는 범죄를 말해요. 속이는 방법은 한정되지 않고 폭넓게 인정된답니다.

　피고인 옥영의 말, 피해자 돈우의 말과 거래처 직원들의 증언, 남자인 줄 알았다는 일본 사람들의 진술서, 옥영을 다시 만나길 바라는 최척과 가족들의 탄원서 등의 증거를 종합하면, 전쟁 통에 남장을 하고 가까스로 살아남은 옥영이 가족과 다시 만날 날을 기다리며 돈우와 함께 장사를 하여 많은 돈을 번 사실이 인정된다.

　가족들과 헤어진 후 옥영은 무역상인 돈우와 주변 사람들에게 남자라고 거짓말을 해 돈을 벌었으나, 그것은 옥영의 능력에 따른 결과이며 단지 남자라는 이유로 돈을 번 것이 아니다. 특히 옥영은 가족을 찾기 위해서 돈우와 친해진 것이고, 이후 가족과의 만남을 기다리고 있었으므로 옥영의 남장은 자신의 신변을 보호하기 위한 정당방위이자 사회통념상 정당행위라고 볼 수 있다.

　따라서 「형법」 제20조 및 제21조에 근거하여 피고인 옥영은 무죄이다. 추가로 옥영은 전쟁시 민간인으로 잠시 끌려온 것이므로 전시 민간인으로 보호받아야 한다. 원한다면 언제든지 고국으로 가는 것이 국제법상 타당하므로 옥영은 집으로 돌아가도 좋다.

　한편 돈우는 근로자로서 열심히 일한 옥영에게 「근로기준법」 제43조 및 제36조에 따라 밀린 임금과 퇴직금 3천만 원을 지급하여야 한다.

**관련 법률**

「형법」 제20조(정당행위) 법령에 의한 행위 또는 업무로 인한 행위 기타 사회상규에 위배되지 아니하는 행위는 벌하지 아니한다.

「형법」 제21조(정당방위) ① 자기 또는 타인의 법익에 대한 현재의 부당한 침해를 방위하기 위한 행위는 상당한 이유가 있는 때에는 벌하지 아니한다.

「근로기준법」 제43조(임금 지급) ② 임금은 매월 1회 이상 일정한 날짜를 정하여 지급하여야 한다. 다만, 임시로 지급하는 임금, 수당, 그 밖에 이에 준하는 것 또는 대통령령으로 정하는 임금에 대하여는 그러하지 아니하다.

「근로기준법」 제36조(금품 청산) 사용자는 근로자가 사망 또는 퇴직한 경우에는 그 지급 사유가 발생한 때부터 14일 이내에 임금, 보상금, 그 밖에 일체의 금품을 지급하여야 한다.

# 해룡을 버린 장원 부부와 해룡을 몰래 데리고 간 장삼은 죄가 있을까?

지금부터 사건번호 2014도228의 모의재판을 시작하겠습니다. 장원 부부는 도적 떼에게 쫓기다 해룡을 동굴에 숨겨 놓았으나, 부부가 찾으러 오기 전에 장삼이 먼저 해룡을 데리고 자신의 집으로 갔습니다. 이에 검사는 장원 부부를 유기죄로 기소하고, 장삼을 약취유인죄로 기소했습니다. 배심원 여러분은 이 경우 어떠한 판결을 내리시겠습니까? 그러면 사건번호 2014도228의 올바른 판결을 위해 사건의 내용을 알아보도록 하겠습니다.

멀고 먼 옛날, 맑고 푸른 남쪽 바닷속 용궁에서 큰 잔치가 열렸습니다. 동해 용왕도 아들 용자를 데리고 그 잔치에 갔습니다. 잔치가 길어지면서 용자가 심심해하자 남해 용왕은 자신의 딸인 용녀를 불러 용자에게 용궁을 구경시켜 주라고 명했습니다. 그런데 자신의 도술 실력을 자랑하고 싶었던 용녀는 용자를 데리고 으슥한 산기슭으로 갔습니다.

"내가 저 폭포를 거꾸로 흐르게 해 볼 테니 잘 보렴."

용녀가 주문을 외우자 아래로 내려오던 폭포의 물이 하늘로 솟구쳤습니다. 그러자 용자도 이에 질세라 폭포 옆에 있던 돌을 손가락으로 가리켜 돌들이 번쩍 솟아오르게 했습니다. 그런데 폭포 옆에 있던 검은 비석은 용녀와 용자가 아무리 애를 써도 꼼짝하지 않았습니다.

"어, 이상하다. 우리 둘이 힘을 합쳐 주문을 걸어 보자."

용녀와 용자가 힘을 합쳐 도술을 부렸더니 결국 비석이 깨지면서 하늘로 치솟았습니다. 사실 그 비석은 요괴를 가둬 두는 돌이었는데 비석이 깨지면서 커다란 요괴가 풀려나고 말았습니다. 그런데 어쩐 일인지 요괴는 용자만 쫓아왔습니다. 높은 산마루까지 도망친 용자는 산길을 걷던 한 부부를 발견하고 사정했습니다.

"저는 동해 용왕의 아들인데 지금 요괴에게 쫓기고 있습니다. 제가 빛으로 변해 부인의 몸속으로 숨어도 되겠습니까?"

부인이 입을 벌리자 용자는 빛으로 변해 그 안으로 쏙 들어갔습니다.

용자를 구해 준 부부는 장원이라는 선비와 그 부인이었습니다.

"동해 용왕의 아들이 제 몸속으로 들어오는 꿈을 꾸었어요."

"아니, 당신도 그 꿈을 꾸었단 말이오?"

장원 부부는 나이가 들도록 자식이 없었습니다. 그러던 어느 날 동해 용왕의 아들이 몸속으로 들어오는 이상한 꿈을 꾸고는 열 달 뒤, 아들이 태어났습니다. 등에 푸른 점이 7개나 있는 아이였습니다.

"이 아이는 분명 동해 용왕님이 우리에게 주신 선물이 틀림없소. 그러니 이름을 해룡이라 지읍시다."

장원 부부는 정성을 다해 해룡을 키웠고, 해룡은 자랄수록 씩씩하고 총명해졌습니다. 해룡이 5살 되던 해, 나라에 심한 흉년이 들었습니다. 먹고 살기 힘들어진 사람들은 도적으로 변해 마을을 습격했습니다. 백성들은 난리를 피해 하나둘씩 마을을 떠났습니다. 장원 부부 역시 어린 해룡을 데리고 피난길에 나섰다가 그만 피난길에서 도적 떼를 만났습니다. 장원 부부는 해룡과 함께 죽기 살기로 도망쳤지만 마음처럼 빨리 달아날 수가 없었습니다. 도적 떼는 바싹 뒤쫓아 오는데 잘못했다간 셋 다 죽기 십상이었습니다.

"여보, 일단 애는 저 동굴에 숨겨 두고 도적 떼부터 따돌립시다."

장원의 말에 부인은 그럴 수 없다며 펄쩍 뛰었습니다.

"해룡이 혼자 낯선 곳에 남으면 얼마나 무섭겠어요?"

부인은 해룡을 꼭 껴안으며 단호하게 말했습니다.

"생각해 보시오. 도적이 어린애를 쫓겠소, 아니면 어른을 쫓겠소? 그리고 저 작은 동굴까지 확인하진 않을 테니 일단 도적 떼를 따돌리고 안전해지면 해룡을 데리러 옵시다."

장원이 간곡히 설득하자 부인은 해룡의 얼굴을 들여다보았습니다. 지친 해룡의 얼굴이 안쓰럽게 느껴졌습니다. 결국 장원의 말대로 해룡을 동굴에 숨기기로 한 장원 부부는 해룡의 손에 과일을 하나 쥐어 주며 해룡을 달랬습니다.

"이 과일을 먹고 있으면 엄마, 아빠가 금방 다시 오마."

떠나는 걸음이 어찌나 무거운지 부부는 계속 해룡을 돌아보았습니다. 그리고 눈물을 닦으며 이내 달리기 시작했습니다.

장원 부부가 어린 해룡을 동굴에 숨겨 놓고 한참을 도망가고 있을 때였습니다. 도적 떼 중 장삼이라는 사람이 동굴 앞을 지나가다가 웬 어린아이의 울음소리를 들었습니다. 장삼이 이상하게 생각하며 동굴로 들어가 보니 해룡이 혼자 울고 있었습니다.

'아니, 이 산중에 웬 어린아이가 혼자 있담? 가엾기도 하지. 눈빛이 초롱초롱하고 범상치 않은 얼굴을 가진 걸 보니 장차 큰 인물이 될 아이야.'

마침 아이가 없었던 장삼은 해룡을 번쩍 안아 들고는 자신의 집으로 데려갔습니다. 한참 뒤, 장원 부부가 해룡을 찾아 동굴로 돌아왔습니다. 그러나 아무리 찾아도 해룡의 모습은 보이지 않았습니다. 장원 부부는 그 자리에 앉아 해룡의 이름을 부르며 통곡했습니다.

# 장원 부부와 장삼은 죄가 있을까?

지금부터 사건번호 2014도228, 아들인 해룡을 동굴에 숨기고 간 장원 부부와 동굴에서 해룡을 데리고 간 장삼에 대한 판결을 내리겠습니다.

## 1 참가자의 한마디 & 최후 진술

피해자 해룡: 저는 부모님의 사랑을 듬뿍 받았고 돌봐주시는 분들도 많아 힘들지 않았습니다.

피고인 장원부부·장삼: 저희는 해룡을 보호하려고 했던 것뿐입니다.

### 유죄입니다 (검사)

존경하는 재판장님.
어린 해룡을 버리고 간 장원 부부와 남의 아이를 함부로 데려간 장삼은 모두 법에 어긋나는 짓을 했으므로 처벌받아 마땅합니다.

① 장원 부부는 아이를 보호할 책임이 있는 부모입니다. 아무리 위험한 상황이라 하더라도 아이를 버린 것은 엄연한 유기 행위입니다. 두 사람을 유기죄로 처벌해야 합니다.
② 부모도 아니면서 함부로 다른 사람의 아이를 몰래 데려가는 것은 납치이므로 장삼의 행동은 유인죄가 성립합니다.

### 무죄입니다 (변호사)

존경하는 재판장님.
장원 부부와 장삼은 억울합니다.

① 장원 부부는 아이를 버린 것이 아니고 단지 급박한 상황에서 아이의 목숨을 구하기 위해 동굴에 숨겨 놓은 것입니다. 긴급한 상황을 피하기 위한 긴급피난 행동이었으므로 유기죄는 성립하지 않습니다.
② 장삼은 장원 부부가 해룡을 숨겨 놓은 사정을 전혀 모르고 혼자 울고 있는 해룡이 딱해 집으로 데려온 것입니다. 동굴에 혼자 남겨진 아이를 구하기 위해 아이를 거둔 장삼은 무죄입니다.

## 2 배심원의 판단

나는 장원 부부와 장삼이 ( 무죄 , 유죄 )라고 생각합니다. 왜냐하면 _____

## 3 현명한 판사의 판결

피고인 장원 부부와 장삼의 말, 피해자 해룡의 말과 도적 떼가 출몰했다는 지역 주민들의 증언, 부부가 평소 해룡을 끔찍하게 아꼈다는 마을 사람들의 탄원서 등의 증거를 종합하면, 장원 부부가 평소 해룡을 잘 돌보았다는 사실과 도적 떼에게 쫓기는 다급한 상황이 닥치자 해룡을 동굴에 숨겨 놓았다는 사실 그리고 장삼이 나타나 해룡을 데려간 사실이 인정된다.

장원 부부가 부모로서 아이를 보호할 의무를 지고 있음에도 불구하고 아이를 동굴에 홀로 놔둔 것은 「형법」 제271조의 유기죄에 문제된다. 그러나 장원 부부가 해룡을 동굴에 둔 것은 아이를 버리고자 함이 아니라 사랑하는 아이의 안전을 위해 잠시 피신시키기 위함이었다. 이는 긴급피난에 해당되므로 무죄이다.

장삼의 경우, 본래는 도적이지만 해룡이 혼자 버려져서 울고 있는 모습에 딱한 마음이 들어 아이를 데리고 간 사실이 인정된다. 처음부터 범죄를 저지르려는 마음이 없었으며 아이를 보호하고자 하는 순수한 마음에서 비롯된 행동이었으므로 「형법」 제287조의 미성년자의 약취, 유인죄는 성립하지 않는다.

따라서 「형사소송법」 제325조에 근거하여 장원 부부와 장삼은 모두 무죄이다. 다만 장삼이 데리고 간 해룡은 다시 부모의 품으로 돌려보내도록 한다.

**유기죄**
보호할 의무가 있는 사람이 그 의무를 다하지 않고 아이나 노인 등을 버리는 범죄예요.

**유인죄**
사람을 꾀어서 자신이 원하는 장소로 끌고 가는 범죄를 말해요. 억지로 데려가면 약취죄이고, 살살 구슬러서 데리고 가면 유인죄랍니다.

「형법」 제271조(유기) ① 노유, 질병, 기타 사정으로 인하여 부조를 요하는 자를 보호할 법률상 또는 계약상의무 있는 자가 유기한 때에는 3년 이하의 징역 또는 500만 원 이하의 벌금에 처한다.
「형법」 제287조(미성년자의 약취, 유인) 미성년자를 약취 또는 유인한 사람은 10년 이하의 징역에 처한다.
「형사소송법」 제325조(무죄의 판결) 피고사건이 범죄로 되지 아니하거나 범죄사실의 증명이 없는 때에는 판결로써 무죄를 선고하여야 한다.

## 최고운전

# 운영의 거울을 깨뜨린 대가로 종이 된 최치원은 죄가 있을까?

지금부터 사건번호 2014도229의 모의재판을 시작하겠습니다. 최치원은 운영을 만나기 위해 자신의 신분을 속이고 일부러 거울을 깨뜨린 뒤 나 승상의 하인이 되었습니다. 이에 검사는 최치원을 손괴죄와 업무방해죄로 기소했습니다. 배심원 여러분은 이 경우 어떠한 판결을 내리시겠습니까? 그러면 사건번호 2014도229의 올바른 판결을 위해 사건의 내용을 알아보도록 하겠습니다.

신라의 수도, 경주에는 성품이 어질고 자상한 나천업이라는 사람이 살았습니다. 나천업은 나라에 충성을 바쳐 승상의 자리까지 오른 인물이었습니다. 나 승상에게는 달과 꽃이 나서기 부끄러울 정도로 어여쁜, 운영이라는 딸이 있었습니다. 운영은 얼굴만 예쁜 것이 아니라 시문도 잘 짓고 마음씨도 고왔습니다.

어느 날 나 승상 집 앞으로 거울을 닦아 주는 장수가 나타났습니다. 운영은 장수의 목소리를 듣고 유모를 시켜 구리거울을 닦게 했습니다.

장수가 거울을 닦을 때 운영은 창문을 열고 그 모습을 바라보았습니다. 장수는 창문으로 보이는 아름다운 운영의 모습을 좀 더 가까이에서 보고 싶어 거울을 닦는 체 하다가 일부러 돌 위에 떨어뜨렸습니다. 거울은 장수의 계획대로 쨍그랑 깨지며 산산조각이 나고 말았습니다.

"이 비싼 거울을 깨뜨리면 어떻게 해요?"

깜짝 놀란 유모의 타박에도 장수는 태연하게 대답했습니다.

"이미 깨진 거울을 무슨 수로 돌려 놓겠습니까? 대신 제가 이 댁의 종이 되어 거울 값만큼 일하겠습니다."

사실 거울 닦는 장수는 신라 문창현의 수령인 최충의 아들, 최치원이었습니다. 임금의 총애를 받고 있는 나 승상의 딸과 혼인하면 장차 자신의 큰 뜻을 펴는 데 도움이 될 것이라고 생각한 최치원은 신분을 속이고 나 승상의 딸과 만나기 위해 거울 닦는 장수로 위장했던 것이었습니다.

유모는 할 수 없이 나 승상에게 최치원을 데리고 갔습니다. 나 승상은 영리해 보이는 최치원을 보고는 종으로 들어오는 것을 허락했습니다.

"네 이름은 무엇이며, 어디 사는 누구의 자식이냐?"

"어려서 부모를 잃은 까닭에 부모도 알지 못하며 이름 또한 없습니다."

"어허, 그래도 이름이 있어야 필요할 때 부를 게 아니냐?"

나 승상은 고민하다가 새로 들어온 종에게 '파경노'라는 이름을 붙여 주었습니다. 거울을 깨뜨린 종이라는 뜻이었지요.

나 승상은 최치원에게 말 돌보는 일을 맡겼습니다. 최치원은 아침 일찍부터 마구간에 가서 말들을 몰고 나갔습니다. 신기하게도 말들은 줄을 지어 최치원을 뒤따라갔고, 싸우는 법이 없었습니다. 최치원이 말을 돌본 뒤로 말들은 하루가 다르게 포동포동 살이 찌고 튼튼해졌습니다. 최치원이 어떻게 말을 돌보는지 궁금해진 하인 한 명이 하루는 최치원의 뒤를 쫓아 갔습니다. 최치원이 드넓은 언덕에 도착해 말들을 풀밭에 풀어놓자, 말들은 자유롭게 돌아다니며 풀을 뜯어 먹었습니다. 말들이 풀을 뜯는 동안 최치원은 숲 속을 거닐거나 풀밭에 앉아 쉬면서 시를 읊었습니다. 최치원이 시를 읊기 시작하자 하늘에서 푸른 옷을 입은 아이들 수십 명이 내려오기 시작했습니다. 아이들은 먹이를 주거나 훈련을 시키는 등 최치원 대신 말들을 돌보았습니다. 그 모습을 훔쳐본 하인은 나 승상에게 그 일을 말했습니다.

"파경노는 필시 범상치 않은 인물입니다. 말 먹이는 것보다 더 중요한 일을 맡기는 것이 좋을 듯합니다."

최치원에게 새로 주어진 일은 동산의 꽃밭을 가꾸는 일이었습니다. 아무리 나무와 꽃을 심어도 얼마 안 가 시들고 메말라 버려 동산은 볼품없이 잡초만 무성하게 자라 있었습니다. 이번에도 최치원은 꽃밭에 앉아 시를 읊으며 하루를 보냈습니다. 하지만 새벽이면 선녀들이 내려와 물과 거름을 주며 꽃들을 돌보았습니다.

최치원이 꽃밭을 맡은 지 얼마 지나지 않아 꽃밭에는 온갖 진귀한 꽃과 풀들이 돋아나기 시작했습니다. 꽃향기에 나비와 벌들이 모여들었고 새들이 날아와 나뭇가지에 앉아 지저귀곤 했습니다. 나 승상을 비롯해 꽃밭을 본 모든 사람들은 그 아름다운 모습에 감탄했습니다. 운영도 꽃밭을 구경하고 싶었지만 갈 수가 없었습니다. 언제나 꽃밭을 지키고 있는 최치원을 보기가 부끄러웠기 때문입니다.

운영의 마음을 눈치챈 최치원은 나 승상에게 사흘만 고향에 다녀오겠다며 허락을 받았습니다. 운영은 최치원이 고향에 갔다는 말을 듣고 꽃밭에 나가 꽃을 구경하며 시 한 구절을 지어 읊었습니다.

"꽃이 난간 앞에서 웃어도 소리는 들리지 않네."

사실 최치원은 고향에 가지 않고 꽃밭 수풀 사이에 숨어 있었습니다. 운영이 시 한 구절을 읊자 최치원이 화답하는 시 한 구절을 지어 읊었습니다.

"새가 수풀 밑에서 울어도 눈물은 보기 어렵네."

운영은 갑자기 나타난 최치원 때문에 깜짝 놀랐습니다.

## 최치원은 죄가 있을까?

지금부터 사건번호 2014도229, 나 승상의 딸인 운영의 거울을 일부러 깨고 나 승상의 종으로 들어간 최치원에 대한 판결을 내리겠습니다.

### 1 참가자의 한마디&최후 진술

피해자 **운영**: 제 거울을 깨뜨리고 거짓말을 일삼은 최치원을 벌해 주십시오.

피고인 **최치원**: 거울 값을 갚기 위해 종으로 들어가 열심히 일한 것뿐입니다.

### 유죄입니다 (검사)

존경하는 재판장님.
아무리 혼인을 염두에 두었다고는 하나 신분을 속이고 남의 집에 들어온 것은 범죄 행위입니다. 최치원을 손괴죄와 업무방해죄로 처벌해 주시기 바랍니다.

① 비록 그 일로 종이 되었다고는 하나 운영의 거울을 일부러 깨뜨린 최치원의 행위는 손괴죄에 해당합니다.

② 최치원은 선비라는 신분을 속이고 부모가 없다고 거짓말을 해 나 승상의 종으로 들어갔습니다. 이것은 위장 취업으로, 나 승상 댁 노비들의 업무를 방해한 것이므로 업무방해죄가 성립합니다.

### 무죄입니다 (변호사)

존경하는 재판장님.
최치원은 나 승상을 통해 앞으로 나라에서 큰 일을 하고 싶었던 것뿐입니다. 최치원은 무죄입니다.

① 최치원이 일부러 거울을 깬 것은 사실이지만 나 승상 집안과 인연을 만들고자 벌인 일입니다. 또 거울 값은 노비로 일하면서 다 갚았으므로 무죄입니다.

② 최치원은 운영의 귀한 거울을 깨뜨려 보상을 하고자 종으로 들어간 것일뿐 위장 취업을 의도하지는 않았습니다. 또한 맡은 일을 잘 처리해 집안일에 도움을 주었으니 업무방해죄는 가당치 않습니다.

### 2 배심원의 판단

나는 최치원이 ( 무죄 , 유죄 )라고 생각합니다. 왜냐하면 _____

# 3 현명한 판사의 판결

**손괴죄**
일부러 다른 사람의 재물을 부수는 경우에 성립하는 범죄예요.

**업무방해죄**
거짓말이나 힘으로 다른 사람의 일을 방해하는 범죄예요.

　　피고인 최치원의 말, 피해자 운영의 말과 증인 나 승상의 증언, 깨진 거울, 허위로 취업한 최치원의 이력서 등의 증거를 종합하면, 신라의 선비인 최치원이 나 승상에게 접근하고자 그 집의 귀한 거울을 일부러 깨뜨리고 거울 값을 갚겠다며 신분을 속인 채 나 승상 댁에 노비로 취업한 사실이 인정된다.
　　최치원은 출세하려는 목적으로 나 승상 댁의 귀한 재산인 거울을 일부러 깨뜨렸으므로 「형법」 제366조에 따라 손괴죄가 성립한다. 그러나 이는 나 승상 집안과의 깊은 인연을 만들기 위한 행동이었고 거울 값은 집안일을 하며 충분히 갚았으므로 형사처벌은 하지 않는다.
　　「형법」 제314조의 업무방해죄는 힘 또는 거짓말로 다른 사람의 일을 방해하는 것으로써 가짜 이력서로 취직을 하는 위장 취업의 경우도 여기에 해당된다는 것이 대법원의 판례이다. 그러나 최치원의 경우, 일을 방해하기 위해서가 아니라 깨진 거울을 보상하기 위해서였으므로 업무방해죄가 성립하지 않는다.
　　따라서 본 사건은 범죄로 구성되지 아니하므로 「형사소송법」 제325조에 근거하여 피고인 최치원에게 무죄를 선고한다. 추가로, 최치원은 이미 거울 값을 다 갚고도 남을 정도로 충분히 일했으므로 더 이상 노비로 일하지 않아도 된다.

### 관련 법률

「형법」 제366조(재물손괴등) 타인의 재물, 문서 또는 전자기록등 특수매체기록을 손괴 또는 은닉 기타 방법으로 기 효용을 해한 자는 3년 이하의 징역 또는 700만 원 이하의 벌금에 처한다.
「형법」 제314조(업무방해) ① 제313조의 방법 또는 위력으로써 사람의 업무를 방해한 자는 5년 이하의 징역 또는 1천 500만 원 이하의 벌금에 처한다.
「형사소송법」 제325조(무죄의 판결) 피고사건이 범죄로 되지 아니하거나 범죄사실의 증명이 없는 때에는 판결로써 무죄를 선고하여야 한다.

사건번호 2014도230

임경업전

## 사신으로 떠나던 중 도망간 임경업은 죄가 있을까?

지금부터 사건번호 2014도230의 모의재판을 시작하겠습니다. 임금의 명령으로 호국에 가던 임경업은 목숨의 위험을 느끼자 산속 암자로 도망을 갔습니다. 이에 검사는 임경업을 항명죄와 군무이탈죄로 기소했습니다. 배심원 여러분은 이 경우 어떠한 판결을 내리시겠습니까? 그러면 사건번호 2014도230의 올바른 판결을 위해 사건의 내용을 알아보도록 하겠습니다.

충청도 충주 땅에 부모에게는 효성이 지극하고 형제 간에는 우애가 돈독한 한 사람이 살고 있었습니다. 그의 이름은 임경업으로, 임경업은 밤이면 병서를 읽고 낮이면 무예에 힘써 18살의 나이로 무과 시험에 합격했습니다. 과거에 급제한 지 3년 만에 백마강 만호라는 벼슬에 오른 임경업은 백성들을 아끼고 농업을 권장했습니다. 임경업이 백마강을 잘 다스린다는 소문이 조정에까지 흘러 들어갈 정도였습니다. 하루는 나랏일을 의논하는 자리에서 임금이 말했습니다.

"개성의 천마산성을 보수해야 하는데 누구를 보내면 좋겠소?"

임금의 물음에 신하들은 모두 임경업을 추천했습니다. 임경업은 임금의 명을 받고 보수에 나섰습니다. 임경업은 관리자였음에도 현장에 나가 직접 돌을 지고 날랐습니다. 엄격하게 작업을 지시하는 한편, 아픈 일꾼이 없나 살피는 자상한 모습에 사람들은 임경업을 존경했습니다.

"우리 임경업 장군님이 시키는 일이라면 무엇이든 할 수 있어."

"임경업 장군님은 우리의 마음을 너무 잘 아신단 말이야."

그 무렵 명나라 북동쪽에 있던 호국은 명나라에 조공을 바치며 지배를 받고 있었습니다. 명나라는 가달이라는 오랑캐가 호국을 침입했다는 소식을 듣고 지원병을 보내 주기로 했습니다. 명나라와 친분이 있던 조선에서도 장군을 보내 호국을 돕기로 결정했습니다.

"무예에 능한 사람이 가는 것이 좋을 테니, 임경업을 추천합니다."

조정 대신들은 이번에도 입을 모아 임경업을 추천했습니다.

조선의 사신으로 명나라에 간 임경업은 먼저 명나라의 군사들을 훈련시킨 뒤 호국으로 달려갔습니다. 천리마를 타고 적장을 달리는 임경업의 용맹한 모습에 명나라 군사들도 용감하게 싸워 결국 승리했습니다.

"네 목숨만은 살려 주겠으니 다시는 호국 근처에 얼씬도 하지 마라."

임경업은 포로로 잡은 가달의 우두머리를 살려 주었습니다. 명나라의 황제는 승리를 기념하고 임경업의 공을 치하하기 위해 큰 잔치를 열어 주었습니다. 6년 만에 돌아온 조선에서도 오랑캐를 물리친 임경업의 노고를 크게 칭찬했습니다.

그 뒤 세력이 커진 호국이 한때 도와준 은혜를 저버리고 조선을 침략했습니다. 조정에서는 다시 임경업을 앞세워 이를 막고자 했습니다.

임경업이 군사를 이끌고 의주로 온다는 소식에 겁을 먹은 호국의 군사

들은 임경업을 피해 바닷길로 들어와 도성을 공격하기로 했습니다. 호국의 군대는 순식간에 궁궐까지 들이쳤고, 꼼짝없이 당한 인조가 항복을 하고 나서야 본국으로 돌아갔습니다.

"이대로 당할 수만은 없습니다. 당장 군사를 이끌고 호국을 치겠습니다."

임경업은 분통을 터뜨리며 두 주먹을 쥐었습니다. 하지만 세자와 대군이 인질로 끌려갔기 때문에 호국으로 달려갈 수가 없었습니다.

한편 호국에서는 임경업을 그대로 두면 훗날 큰 문제가 될 것이라고 생각했습니다. 그래서 임경업을 앞세워 명나라를 공격하겠다며 조선에 협조를 구했습니다. 임경업은 한때 같은 편으로 싸웠던 명나라를 배신할 수 없었습니다. 그래서 명나라와 손을 잡고 호국을 치려다가 그만 발각되고 말았습니다.

"우리를 도와 명나라를 공격하라고 했더니, 오히려 명나라와 손을 잡고 우리를 공격하려 해? 용서할 수 없다!"

호국 왕은 임경업을 잡아들이라는 명령을 조선에 내렸습니다.

"호국의 미움을 산 임경업을 그대로 두면 반드시 후탈이 있을 겁니다."

평소 임경업을 눈엣가시처럼 여겼던 영의정 김자점이 말했습니다. 인조는 수족처럼 아끼던 임경업의 관직을 박탈하고 그를 호국으로 보내려니 마음이 아팠습니다. 그래도 세자와 대군이 잡혀 있는 나라였기 때문에 마지못해 임경업을 보내기로 결정했습니다.

"그대의 충성심을 모르지 않으나, 호국의 사신이 와서 기다리고 있으니 어쩔 수가 없구나. 임경업은 부디 무사히 가거라."

임금의 명을 받고 조선을 떠나는 임경업의 발길은 무겁기만 했습니다. 충성을 다했던 조국에서 쫓겨나 죄인의 신분으로 호국에 가려니 마음이 참담했습니다. 임경업은 자신을 해치려는 호국의 속셈을 눈치채고 있었습니다.

압록강에 다다랐을 때 임경업은 무언가를 결심했습니다.

"사나이로 태어나 큰 뜻도 펴 보지 못하고 남의 손에 죽을 수는 없다."

모두가 잠든 틈을 타서 깊은 산속의 암자로 숨어든 입경업은 머리를 깎은 뒤 스스로 중이 되었습니다.

# 임경업은 죄가 있을까?

지금부터 사건번호 2014도230, 임금의 명령을 받고 호국으로 가던 중 도망친 임경업에 대한 판결을 내리겠습니다.

## 1 참가자의 한마디 & 최후 진술

**피해자 호국 왕**: 호국으로 오던 중 제 명령을 어기고 도망친 임경업을 엄벌해 주십시오.

**피고인 임경업**: 호국 왕이 저를 죽이려고 부르는 것을 아는 이상, 도저히 갈 수가 없었습니다.

### 유죄입니다 (검사)

존경하는 재판장님.
조선과 호국 두 나라를 모두 곤란하게 만든 임경업을 항명죄와 군무이탈죄로 엄벌에 처해야 합니다.

① 임경업은 조선의 군인이자 신하로서 인조의 명령에 따라 호국에 가야 함에도 불구하고 인조의 명령을 거부하는 항명죄를 저질렀습니다.
② 임경업은 호국을 방문해야 하는 자신의 임무를 저버리고 무단이탈해 도망쳤습니다. 이것은 군무이탈죄에 해당합니다.

### 무죄입니다 (변호사)

존경하는 재판장님.
임경업은 무죄입니다.

① 임경업은 호국 왕의 명령을 들을 필요가 없는 조선의 국민입니다. 인조의 명령은 임경업을 죽이려는 호국 왕의 잘못된 명령을 그대로 반복한 것이므로 항명죄는 성립하지 않습니다.
② 임경업은 이미 장군의 자격을 박탈당하고 군인이 아닌 죄인의 자격으로 호국 왕에게 호출되어 가던 중이었으므로 군무이탈죄는 적용되지 않습니다.
③ 임경업의 행동은 목숨을 보전하기 위한 것이므로 긴급피난이 되어 죄가 되지 않습니다.

## 2 배심원의 판단

나는 임경업이 ( 무죄 , 유죄 )라고 생각합니다. 왜냐하면 _____

## 3 현명한 판사의 판결

**군형법**
군형법은 군인에게 적용되는 형법이에요. 군인이 아닌 경우라면 일반 형법이 적용되지요.

**항명죄**
군에서 상관의 정당한 명령을 어기는 범죄를 말해요.

**군무이탈죄**
군인이 군사 업무를 무단히 이탈해 게을리하는 범죄를 말해요.

피고인 임경업의 말, 피해자 호국 왕의 말과 증인 인조 및 김자점의 증언, 임경업을 압송하라는 호국 왕의 명령장, 스님이 된 후 발급받은 스님 신분증 등의 증거를 종합하면, 호국 왕의 명령에 따라 죄인의 신분으로 호국에 가던 임경업이 도망쳐서 스님이 된 사실이 인정된다.

임경업은 조선의 신하이므로, 죄인의 신분으로 호국에 오라는 호국 왕의 명령을 따르지 않아도 된다. 또한 인조의 명령이었다 하더라도 정당하지 않은 호국 왕의 명령을 앵무새처럼 반복한 부당한 명령이었으므로 따를 필요가 없다. 따라서 「군형법」 제44조의 항명죄는 성립하지 않는다.

마찬가지로 임경업은 이미 장군의 지위를 박탈당해 군사 업무를 하고 있지 않으므로 「군형법」 제30조의 군무이탈죄 역시 성립하지 않는다. 게다가 임경업은 억울한 죽음을 앞둔 위급한 상황에서 자신의 목숨을 지키기 위해 도망친 것이므로 긴급피난으로서 무죄이다.

따라서 임경업은 특별히 죄를 저지르지 않았으므로 호국에 갈 이유가 없으며 부당한 명령을 반복하는 조선 조정의 명령에도 따를 이유가 없다. 「형사소송법」 제325조에 근거하여 범죄로 인정할 수 없는 경우이므로 피고인 임경업에게 무죄를 선고한다.

### 관련 법률

「**군형법**」 **제44조(항명)** 상관의 정당한 명령에 반항하거나 복종하지 아니한 사람은 다음 각 호의 구분에 따라 처벌한다.
1. 적전인 경우: 사형, 무기 또는 10년 이상의 징역
2. 전시, 사변 시 또는 계엄지역인 경우: 1년 이상 7년 이하의 징역
3. 그 밖의 경우: 3년 이하의 징역

「**군형법**」 **제30조(군무이탈)** ① 군무를 기피할 목적으로 부대 또는 직무를 이탈한 사람은 다음 각 호의 구분에 따라 처벌한다.
1. 적전인 경우: 사형, 무기 또는 10년 이상의 징역
2. 전시, 사변 시 또는 계엄지역인 경우: 5년 이상의 유기징역
3. 그 밖의 경우: 1년 이상 10년 이하의 징역

「**형사소송법**」 **제325조(무죄의 판결)** 피고사건이 범죄로 되지 아니하거나 범죄사실의 증명이 없는 때에는 판결로써 무죄를 선고하여야 한다.

# 고전을 발칵 뒤집은
# 어린이 로스쿨

글 | 유재원, 정은숙
그림 | 김지선

1판  1쇄 발행 | 2013년 11월 20일
1판 15쇄 발행 | 2023년  5월  1일

**펴낸이** | 김영곤
**키즈사업본부장** | 김수경
**에듀1팀** | 김지혜 김현정 김지수
**아동마케팅영업본부장** | 변유경
**아동마케팅1팀** | 김영남 황혜선 이규림 정성은 **아동마케팅2팀** | 임동렬 이해림 안정현 최윤아
**아동영업팀** | 한충희 오은희 강경남 김규희 황성진
**디자인** | 손성희 권민지 **제작팀** | 이영민 권경민

**펴낸곳** | ㈜북이십일 아울북 **출판등록** | 2000년 5월 6일 제406-2003-061호
**주소** | (10881) 경기도 파주시 회동길 201(문발동)
**대표전화** | 031-955-2100 **팩스** | 031-955-2151 **이메일** | book21@book21.co.kr

ISBN 978-89-509-5270-9  74810

Copyright ⓒ 2014 by book21 아울북, All right reserved
이 책 내용의 일부 또는 전부를 재사용하려면 반드시 ㈜북이십일의 동의를 얻어야 합니다.
잘못 만들어진 책은 구입하신 서점에서 교환해 드립니다.

- 제조자명 : ㈜북이십일
- 주소 및 전화번호 : 경기도 파주시 회동길 201(문발동) / 031-955-2100
- 제조연월 : 2023. 5. 1.
- 제조국명 : 대한민국
- 사용연령 : 5세 이상 어린이 제품